Kristian Rath

Skitouren und Skibergsteigen
Allgäu

mit Kleinwalsertal und
Tannheimer Tal

ISBN 3-926807-73-3

Kristian Rath

Skitouren und Skibergsteigen
Allgäu

Bildnachweis	Alle Fotos sind vom Autor mit Ausnahme von:
	Markus Berktold, Sonthofen (151)
	Dieter Elsner, Kaufbeuren (Titel, 37)
	Foto Heimhuber, Sonthofen (93 unten, 100, 104, 108, 109, 149)
	Foto Kaufmann, Hindelang (116)
	Franz Hieble, Altstädten (60, 88)
	Martin Hoelle, Blaichach (53, 63, 65, 73)
	Klaus Kicherer, Sonthofen (114)
	Christian Pauker, Sonthofen (102, 158)
	Sigi Schmid, Knottenried (67, 153)
	Tobias Wechs, Hinterstein (140)

1. Auflage 1999

ISBN 3-926807-73-3

© by	panico Alpinverlag
	Golterstrasse 12
	D-73257 Köngen
	Tel. (0 70 24) 8 27 80
	Fax. (0 70 24) 8 43 77
	email alpinverlag@panico.de
Druck	die Bühlersche
	Grafik & Druck OHG
	Beim Tiergarten 5
	D-72574 Bad Urach
	Tel. (0 71 25) 14 43 - 0
	Fax. (0 71 25) 14 43 - 1

Die Beschreibung aller Wege und Routen erfolgte nach bestem Wissen und Gewissen. Der Autor, der Verlag oder sonstige am Führer beteiligte Personen übernehmen jedoch für Ihre Angaben keine Gewähr. Die Benutzung des vorliegenden Führers geschieht auf eigenes Risiko.

Inhaltsverzeichnis

Inhaltsverzeichnis	Seite	5
Vorwort	Seite	7
Gebrauch, Karten	Seite	8
Schwierigkeitsskala	Seite	9
Lawinengefahr	Seite	10
Routenbeschreibung, Aufstiegszeiten, Beste Jahreszeit	Seite	12
Anfahrt, Verkehrslage	Seite	14
Notruf, Bergrettung	Seite	16
Kleines Telefonbuch	Seite	17
Tourengebiet 1	Hoher Ifen und Schwarzwassertal	Seite 22
Tourengebiet 2	Baad	Seite 30
Tourengebiet 3	Schafalpen	Seite 40
Tourengebiet 4	Allgäuer Hauptkamm	Seite 56
Tourengebiet 5	Oytal	Seite 76
Tourengebiet 6	Nebelhorn	Seite 84
Tourengebiet 7	Hinteres Ostrachtal	Seite 94
Tourengebiet 8	Vorderes Ostrachtal	Seite 110
Tourengebiet 9	Tannheimer Tal	Seite 118
Tourengebiet 10	Östliche Vorberge	Seite 134
Tourengebiet 11	Balderschwang	Seite 140
Tourengebiet 12	Westliche Vorberge	Seite 146

13. Auswahl der schönsten Wochenendtouren .... Seite 156

Ich habe in den letzten 12 Jahren alle hier vorgestellten Touren selbst begangen. Dennoch war ich bei der Arbeit an diesem Führer stets auf aktuelle Hinweise und Tips angewiesen, denn auch das Skibergsteigen unterliegt Veränderungen.

Für viele wertvolle Hinweise möchte ich mich daher bedanken bei:

Wolfgang Mayr, Pfronten,
Markus Littich, Mittelberg
Ernst Haller, Baad
Manfred Scheuermann, München
Martin Hoelle, Blaichach

Ein Skitourengebiet für den ganzen Winter

Dieser Führer beschreibt alle gängigen Skitouren im Oberallgäu, im benachbarten Kleinwalsertal und im angrenzenden Tannheimer Tal. Zu den bekannten klassischen Unternehmungen wurden auch eine ganze Reihe von Touren aufgenommen, die bisher noch nicht veröffentlicht worden sind. Ähnlich wie beim Felsklettern ist auch beim Skifahren das durchschnittliche Leistungsniveau in den letzten Jahren stark angestiegen. So zählen Skitouren, die noch vor wenigen Jahrzehnten als extrem galten, heute zum Alltäglichen. Diese Tendenz wurde bei der Auswahl der Ziele und Routen berücksichtigt. Es macht aber wenig Sinn, absolut jeden Hang und jede irgendwann einmal befahrene Rinne zu beschreiben. Schließlich sollen auch noch ein paar Touren für jene Bergsteiger übrigbleiben, die ohne Anleitung auf Entdeckungsreise gehen wollen.

Ganz gleich ob man als Anfänger die ersten Schwünge abseits der Piste zieht, oder ob man als Profi ausgedehnte Überschreitungen und kühne Steilabfahrten sucht: In den Allgäuer Alpen findet jeder seine Tour. Kaum ein Gebiet der Ostalpen bietet dem Skibergsteiger so reichhaltige Möglichkeiten an Skitouren von völlig unterschiedlichstem Charakter und verschiedenster Schwierigkeit.

Während die sanften Gras- und Waldberge der Voralpen (Tourengebiet 10, 11 und 12) meist von den ersten spätherbstlichen Schneefällen bis ins Frühjahr hinein völlig unschwierig zu besteigen sind, zählen viele der Touren im Allgäuer Hauptkamm zu den Anspruchsvollsten im gesamten Alpenraum. Die im Vergleich zu vielen zentralalpinen Gebirgsgruppen niedrigen Gipfelhöhen dürfen nicht darüber hinwegtäuschen, daß es sich bei den meisten Touren um hochalpine Unternehmungen handelt. So stellen die meisten 2000er im Allgäu weit höhere Anforderungen an den Skibergsteiger, als die meisten der 3000er im Ötztal oder in den Stubaiern.

Für welche Touren man sich letztendlich entscheidet, liegt an den Verhältnissen und am persönlichen Können. Ich wünsche jedem viel Spaß auf den beschriebenen Allgäuer Skitouren.

Hindelang, Herbst 1999
Kristian Rath

Gebrauch, Karten

Zum Gebrauch des Führers

Der vorliegende Führer richtet sich in erster Linie an erfahrene, eigenverantwortliche Skitourengeher und Winterbergsteiger, die in der Lage sind die Gefahren des winterlichen Hochgebirges zu erkennen und die unter Berücksichtigung der gerade herrschenden Verhältnisse ihre Ziele wählen.

Karten

Das gesamte Gebiet wird von der recht brauchbaren Karte Allgäuer Alpen (Blatt UK L 8 Ausgabe 1997 mit Nachträgen 1998) im Maßstab 1: 50000 vom Bayerischen Landesvermessungsamt abgedeckt. (Im Text BLV-Karte genannt) Alle Orts und Höhenangaben beziehen sich auf diese Karte. Die Verwendung dieser Karte ist für einen sinnvollen Gebrauch dieses Führers unabdingbar. Desweiteren empfehle ich besonders für wenig begangene und schwierigere Touren Karten im Maßstab 1: 25000. Dies betrifft besonders das österreichische Staatsgebiet, welches in der BLV-Karte leider oft nur mangelhaft dargestellt wird. Die jeweils erforderlichen Kartenblätter sind in den Einleitungen zu den Tourengebieten aufgelistet. Zur Berechnung des Gefahrenpotential nach der „Muntermethode" sind immer Landkarten im Maßstab 1: 25000 mit 20 Meter Höhenlinienabstand erforderlich.

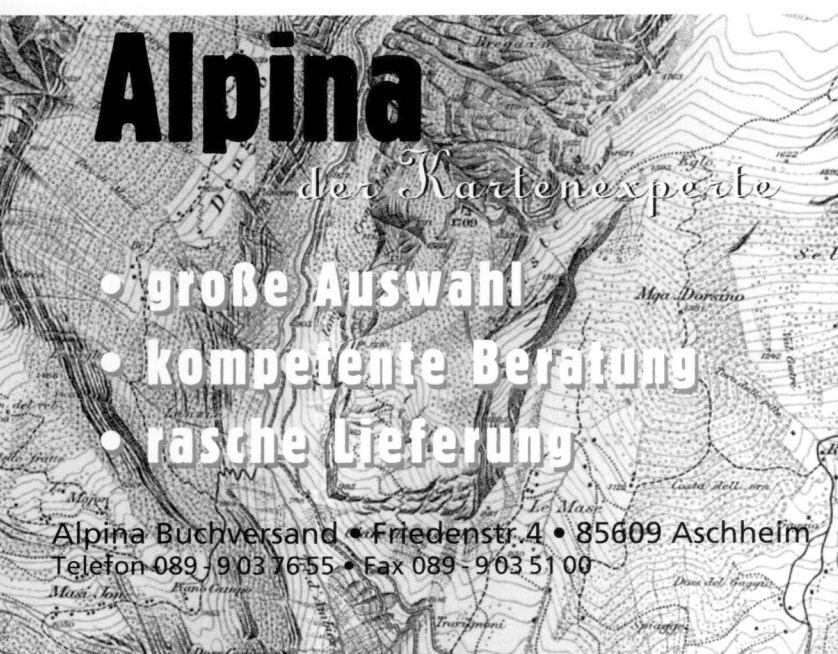

Schwierigkeit

Eine Schwierigkeitseinteilung für Skitouren kann nur grob angedeutet werden. Letztendlich entscheiden immer die gerade herrschenden Verhältnisse wie leicht oder schwierig (und gefährlich) eine Tour gerade ist. Oftmals fährt natürlich auch die Psyche mit. Wohl jeder kennt den Unterschied zwischen einem kurzen 40° Hang mit sanften Auslauf und der selben Neigung in einem 300 Meter Hang oberhalb von Felsabbrüchen, obwohl die Abfahrtsbewegungen dieselben sind.
Alle Touren wurden mit einer Ziffer versehen, die den Schwierigkeitsgrad angibt. Dabei bedeutet:

1   Relativ leichte Tour, die keine längeren Passagen über 30° aufweist und die sich auch für weniger erfahrene Skitourengänger eignet.

2   Mittelschwere Tour, die steilere Passagen über 30°, größere ungegliederte Hänge oder Engstellen aufweist.

3   Schwierige Tour, die längere steile und sehr steile Passagen, sowie Engstellen aufweist. Bei hartem Firn besteht hier bereits Absturzgefahr.

4   Touren an der Grenze zum Extremskilauf, die längere Passagen über 40° aufweisen oder durch enge Coloirs führen. Nur für exzellente Skifahrer bei besten Verhältnissen. Wird über solch eine Route auch aufgestiegen, sind meist Steigeisen und Pickel erforderlich.

KL   Der Gipfel ist nur zu Fuß in leichter bis schwieriger Kletterei erreichbar. Die Schwierigkeit der Kletterei wird nach der UIAA Skala in der Beschreibung der jeweiligen Tour angegeben.

In den Beschreibungen finden sich immer wieder Hinweise auf die Steilheit des Geländes. Dabei bedeutet:

sanft / flach	0-15° Neigung
mäßig steil	15-30°
steil	30-34°
sehr steil	35-39°
extrem steil	> 40°

Diese Einteilung entspricht exakt der in der „Munterschen Reduktions- und Filtermethode" verwendeten.

Lawinengefahr

Im Gebirge gibt es kaum einen Hang der als absolut lawinensicher bezeichnet werden kann, auch auf den leichten Touren nicht. Anderseits gibt es auch kaum einen Hang, der den ganzen Winter über gefährlich ist. Die Verhältnisse können sich täglich, ja sogar stündlich ändern. Deshalb habe ich in den meisten Beschreibungen bewußt auf eine Einstufung der Touren nach Lawinengefährdung verzichtet. Nur bei Touren, die besondere Gefahrenstellen aufweisen oder die als fast lawinensicher gelten wird dieses Thema im Text nochmals erwähnt.

Ansonsten verweise ich hiermit ausdrücklich auf die sogenannte „Muntermethode" zur Beurteilung der Lawinengefährdung, nach der sich jeder Skibergsteiger anhand der Landkarte und dem aktuellen Lawinenlagebericht das Gefahrenpotential der geplanten Tour errechnen kann.

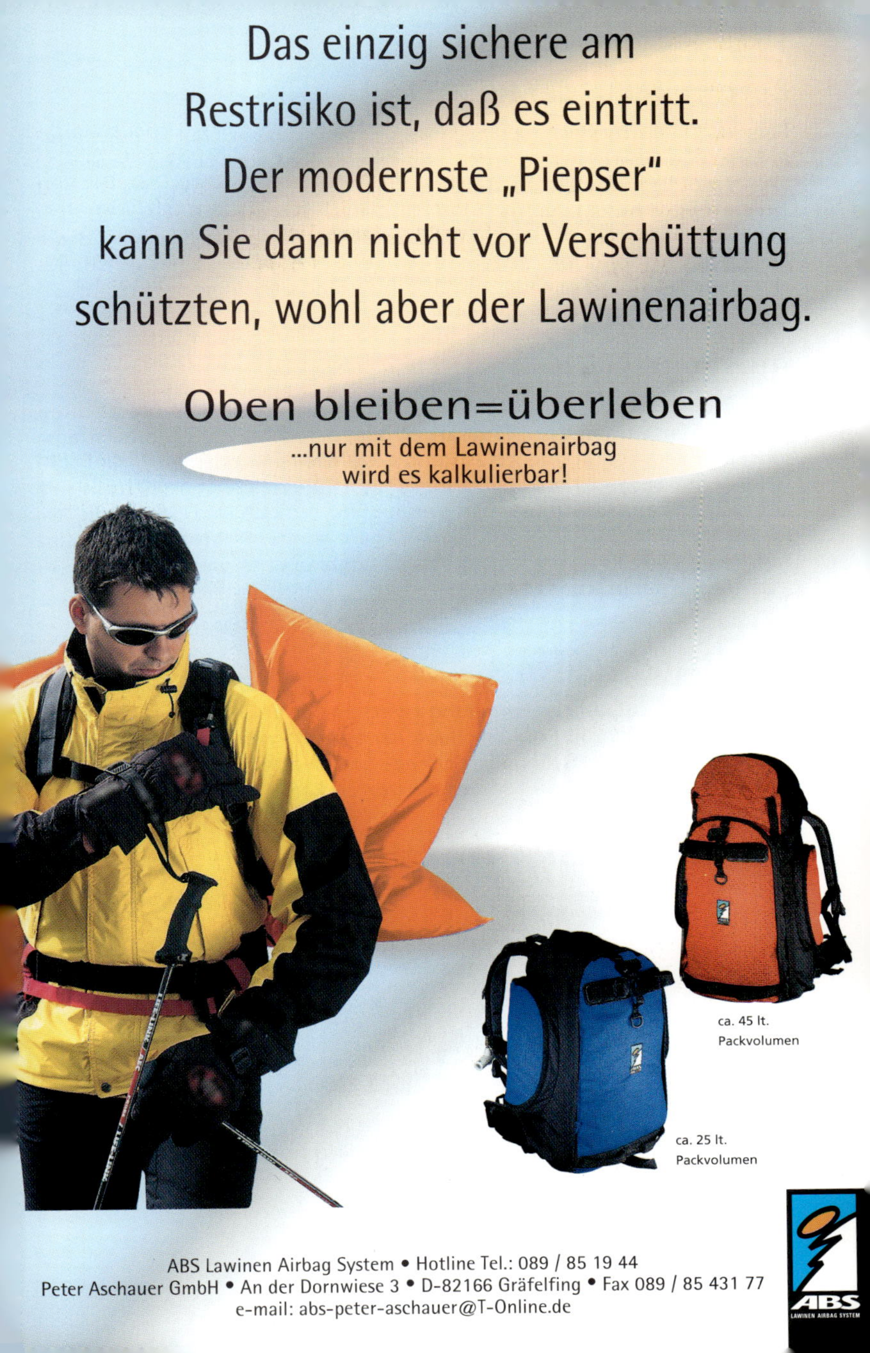

Das einzig sichere am
Restrisiko ist, daß es eintritt.
Der modernste „Piepser"
kann Sie dann nicht vor Verschüttung
schützten, wohl aber der Lawinenairbag.

Oben bleiben=überleben

...nur mit dem Lawinenairbag
wird es kalkulierbar!

ca. 45 lt.
Packvolumen

ca. 25 lt.
Packvolumen

ABS Lawinen Airbag System • Hotline Tel.: 089 / 85 19 44
Peter Aschauer GmbH • An der Dornwiese 3 • D-82166 Gräfelfing • Fax 089 / 85 431 77
e-mail: abs-peter-aschauer@T-Online.de

Beschreibung der Route

Für jede Tour erfolgt zuerst eine kurze Charakterisierung mit Höhenmeterangabe und Schwierigkeitsstufe. Danach wird die Route beschrieben.
Wenn möglich wurden die Beschreibungen knapp gehalten. Meist wird eine intensive Auseinandersetzung mit der Landkarte nötig sein.
Die Richtungsangaben „links" und „rechts" beziehen sich immer auf die Bewegungsrichtung. Das bedeutet: Bei der Beschreibung eines Aufstieges in Aufstiegsrichtung - bei der Abfahrt in Abfahrtsrichtung.

Aufstiegszeiten

Bewußt habe ich auf die Angaben von Aufstiegszeiten verzichtet, da diese stark von den Verhältnissen (Spurarbeit oder bereits vorhandene Aufstiegsspur) und dem konditionellen Zustand des einzelnen abhängen.
Jeder sollte aus der Karte Entfernung und Höhenmeter entnehmen, mit den gegebenen Verhältnissen in Verbindung bringen und daraus die erforderliche Zeit abschätzen können. Als ganz grober Richtwert können im Aufstieg ca. 400 Höhenmeter pro Stunde angenommen werden, in der Horizontalen 5 km je Stunde.

Beste Jahreszeiten

Auf die früher oft übliche Einteilung zwischen Pulverschneetouren im Winter und Firntouren im Frühling habe ich bewußt verzichtet, da in erster Linie die gerade herrschenden Schnee- und Wetterverhältnisse darüber entscheiden ob man eine Tour verantworten kann, und nicht die Jahreszeit.

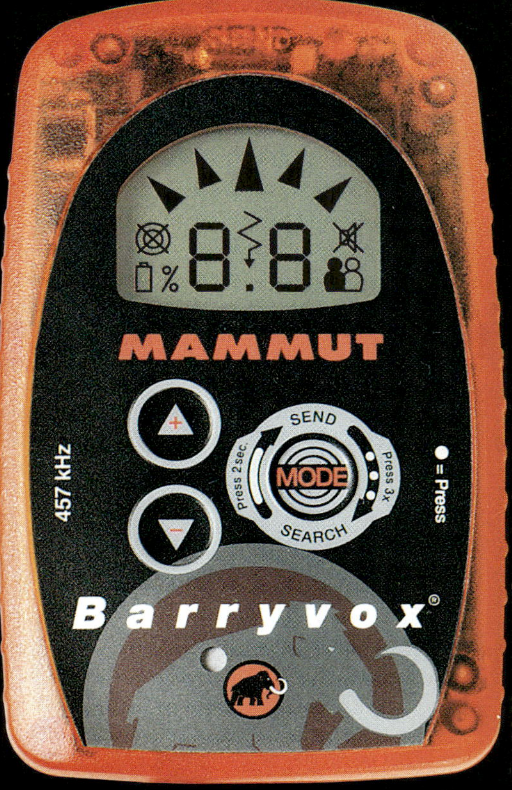

Anfahrt, Verkehrslage

Das Oberallgäu ist aus dem Süddeutschen Raum auf der Autobahn A 7 eigentlich rasch erreichbar. Nervtötend kann dann jedoch der sich an fast jedem schönen Wochenende bildende Stau auf der B 19 von Waltenhofen über Sonthofen nach Oberstdorf sein. Also lieber etwas früher aufstehen als die Pistenskifahrer.

Alle Ausgangspunkte sind mit dem Auto von der Oberallgäuer Kreisstadt Sonthofen in maximal 30 Autominuten (bei schneefreier Fahrbahn und ohne Stau) erreichbar. Desweiteren sind Immenstadt, Sonthofen und Oberstdorf gut mit den Zügen der Deutschen Bundesbahn erreichbar.

Wer sein Auto im Bereich Oberstdorf oder am Vilsalpsee abstellt, wird oft extrem hohe Parkgebühren abdrücken müssen. In den Einleitungstexten zu den einzelnen Tourengebieten sind Hinweise vorhanden, wie man sich dieser Abzocke – sofern möglich – entziehen kann. Am besten bediene man sich gleich den hervorragenden Busverbindungen rund um Oberstdorf und im Kleinwalsertal. Teilweise sind diese Busse für Skifahrer sogar kostenlos, die Regelungen diesbezüglich ändern sich jedoch jeden Winter.

Für das südliche Oberallgäu gibt es preiswerte Tageskarten für alle Busse und Bahnen. Für Urlauber sind zudem auch günstige Wochenkarten erhältlich. Nähere Auskünfte zu Bus- und Bahnverbindungen erteilen die Verkehrsämter (Telefonnummern auf Seite 17).

Um zu den Touren im Allgäuer Hauptkamm zu gelangen, ist auch im Winter oftmals die Verwendung des Mountainbikes sinnvoll um die langen Talmärsche auf zwar meist geräumten, aber für den KFZ-Verkehr gesperrten Forststraßen abzukürzen.

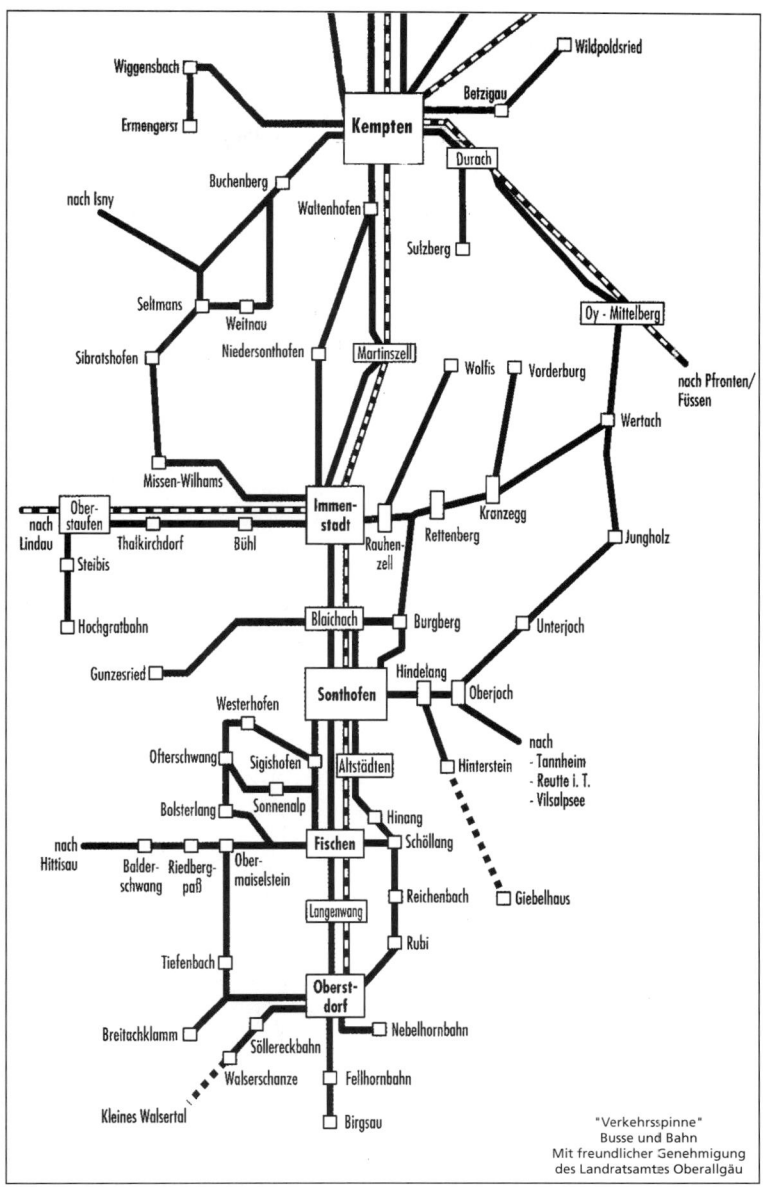

"Verkehrsspinne"
Busse und Bahn
Mit freundlicher Genehmigung
des Landratsamtes Oberallgäu

Notruf/Bergrettung

Auch in der Bergrettung gehen immer mehr Notrufe über Handy ein. Es ist jedoch ein fataler Irrtum, anzunehmen, man könne von überall im Gebirge einfach per Handy einen Notruf absetzen. Auf deutschem Staatsgebiet wird lediglich in den ortsnahen Vorbergen (Tourengebiete 10, 11 und 12) eine halbwegs brauchbare Netzabdeckung erreicht. Im Gemeindegebiet Hindelang und Oberstdorf, wo die Berge und Täler des Allgäuer Hauptkamms - Oytal, Ostrachtal, Schafalpen und Nebelhorn (Tourengebiete 3 bis 8) - zu finden sind, ist die Netzabdeckung meist völlig ungenügend. Dies ist um so unverständlicher, da in den letzten Jahren unter finanzieller Beteiligung des Deutschen Alpenvereins auf dem Nebelhorn ein „D1 Repeater" installiert wurde. Oftmals ist es nicht möglich einen Notruf abzusetzen obwohl man sich Luftlinie kaum 3 Kilometer und mit direkter Sichtverbindung zu diesem „Repeater" befindet. Eine schwache Leistung der deutschen Mobilfunkbetreiber.

Daß es auch anders geht beweist die Tatsache, daß man auf österreichischem Staatsgebiet (Tourengebiete 1, 2 teilweise 3 und 9) meist mit einer ausreichenden Netzabdeckung rechnen kann. Für das Absetzen eines Notrufes ist es übrigens egal, für welchen der Netzbetreiber man sich entschieden hat.

Glücklicher Weise wurden auf den im Winter sehr entlegenen AV Hütten Prinz-Luitpold-Haus, Kemptner- Rappensee, Mindelheimer und Fiderepaßhütte jeweils ein Notruftelefon installiert, die nach anfänglichen Problemen heute zuverlässig funktionieren.

Notruf in Deutschland	110
Notruf in Österreich (Gendarmerie)	113
Bergrettungsnotruf Österreich	140
Rettungsleitstelle Kempten	+49 831/19222
Landeswarnzentrale Tirol	+43 512/140

Kleines Telefonbuch

Verkehrsämter

Verkehrsamt Oberstdorf	+49 8322/7000
Verkehrsamt Hindelang	+49 8324/8920
Verkehrsamt Kleinwalsertal	+49 8329/511418
Verkehrsamt Tannheimer Tal	+43 5675/62200
Verkehrsamt Immenstadt	+49 8323/914-176
Verkehrsamt Blaichach Gunzesried	+49 8321/80836
Verkehrsamt Sonthofen	+49/8321/615291
Verkehrsamt Balderschwang	+49/8328/1056

Allgemeine Informationen

Alpine Auskunft DAV München	+49 89/294940
Alpine Beratung Oberstdorf	+49 8322/700200
Wettervorhersage Oberstdorf	+49 8322/1221
Alpine Beratung Hindelang	+49 8324/89220
Alpenvereinswetterdienst	+43 512/291600
Wettervorhersage Schweiz	+41 1162

Lawinenwarndienste

Lawinenwarndienst Bayern	+49 089/12101210
	+49 089/12101555 (Beratung)
Lawinenwarndienst Tirol	+43 512/1588
	+43 512/581839 (Beratung)
Lawinenwarndienst Vorarlberg	+43 5522/1588

Öffentliche Verkehrsmittel

Regionalverkehr Allgäu RVA	+49 8322/96770
Firma Wimmer & Wechs	+49 8324/2277

Bergbahnen

Fellhornbahn	+49 8322/96000
Ifen 2000	+49 8329/5334
Hochgratbahn	+49 8386/8222
Kanzelwandbahn	+49 8329/52740
Nebelhornbahn	+49 8322/96000
Neunerköpflebahn	+43 5675/6260
Wannenjochbahn	+43 5675/6776
Rohnenlifte	+43 5675/6693

Übersicht der Gipfel

Nr.	Gipfel	Höhe über NN	Höhenunterschied	Ausrichtung Exposition	Schwierigkeitsgrad	
Tourengebiet 1: Hoher Ifen und Schwarzwassertal						
1.1	Schwarzwasserhütte	1620 m	350	NO	1	Seite 24
1.2	Grünhorn	2039 m	770	NO,N,O	2	Seite 22
1.3	Steinmandl	1981 m	710	NO,O	1	Seite 24
1.4	Falzer Kopf	1968 m	700	NO	2	Seite 24
1.5	Hählekopf	2058 m	790	NO,S,O	1	Seite 24
1.6	Berlingersköpfle	1994 m	725	SO	1	Seite 27
1.7	Hoher Ifen	2229 m	200/960	N,S	3	Seite 27
1.8	Toreck	2017 m	950	N,O	2	Seite 29
Tourengebiet 2: Baad						
2.1	Grünhorn	2039 m	800	SO	2	Seite 32
2.2	Güntlespitze	2092 m	850	N,O,S	2	Seite 32
2.3.	Üntschenspitze	2135 m	1000	alle	2/4	Seite 34
2.4	Gamsfuß	1980 m	770	NO,O	1	Seite 34
2.5	Höferspitze	900 m	900	N,O	2	Seite 36
2.6	Heiterberg	2188 m	970	N,O	3 KL	Seite 36
	Älpelekopf	2170 m	970	N,O	3 KL	Seite 36
2.7	Großer Widderstein	2533 m	1300	N,W,S	3	Seite 37
2.8.	Karlstor	2100 m	900	N,O	2	Seite 38
Tourengebiet 3: Schafalpen						
3.1	Geißhorn	2366 m	1200	N,W,S	2-3	Seite 42
3.2	Liechelkopf	2384 m	1200	alle	3	Seite 42
3.3	Elferkopf	2387 m	1200	SW	4	Seite 44
	Elferkopf Wintergipfel	2350 m	1200	N,O	2/4	Seite 44
3.4.	Ochsenloch	2150 m	1000	W	2	Seite 46
	Mittlerer Schafalpkopf	2302 m	+150	W	2 KL	Seite 46
3.5	Hochgehrenspitze	2251 m	1150	SW	2	Seite 47
3.5	Schüsser	1050 m	2170	SW	2	Seite 47
3.6	Fiderepaßhütte	2061 m	600-1150	W,O	2	Seite 48
3.7	Griesgundkopf	2159 m	800-1250	NW,SO	2	Seite 50
	Alpgundkopf	2177 m	800-1280	NW,SO	2	Seite 50
	Roßgundkopf	2139 m	800-1240	NW,SO	2	Seite 50
3.8	Mindelheimer Hütte	2013 m	1000/1100	alle	3/3KL	Seite 51
3.9	Nordöstl. Schafalpkopf	2320 m	900-1450	N,NO	3 KL	Seite 52
3.10	Mittlerer Schafalpkopf	2302 m	1100-1800	NO	3	Seite 53
3.11	Kuhgehrenspitze	1910 m	850	W	1	Seite 54
3.12	Söllerköpfe	1940 m	1100	NO	3	Seite 55
Tourengebiet 4: Allgäuer Hauptkamm						
4.1	Rappenseehütte	2091 m	900-1300	W,S	3/2	Seite 58
4.2	Hochrappenkopf	2425 m	RH+400	NO	2	Seite 60
	Rappenseekopf	2469 m	RH+400	N,W		Seite 60
	Rothgundspitze	2485 m	RH+400	W,S		Seite 60
	Hohes Licht	2652 m	RH+750	W,N	3	Seite 60
4.3	Kemptner Hütte	1844 m	1000/950	alle	3/2	Seite 61

Übersicht der Gipfel

Nr.	Gipfel	Höhe über NN	Höhenunterschied	Ausrichtung Exposition	Schwierigkeitsgrad	
4.4	Muttlerkopf	2368 m	KH+520	N,W,S	3	Seite 62
	Hornbachspitze	2533 m	KH+700	N,SW	3	Seite 62
	Großer Krottenkopf	2657 m	KH+900	N,W,S	3	Seite 62
4.5	Kratzer	2428 m	KH+620	N,O,S	2-3	Seite 64
4.6	Mädelegabel	2645 m	KH+850	N,S,O	2/4	Seite 64
4.7	Heilbronner Weg		ab RH 600	alle	3	Seite 66
4.8	Linkerskopf	2459 m	1550	NW	4	Seite 68
4.9	Wildengundkopf	2238 m	1320	W,N	3	Seite 69
	Trettachspitze	2595 m	1700	W,N	3 KL	Seite 69
4.10	Bockkarkopf	2609 m	1700	N,NW	3-4 KL	Seite 70
4.11	Kreuzeck	2376 m	1700	alle	3-4	Seite 70
	Rauheck	2384 m	1680	alle		

Tourengebiet 5: Oytal

5.1	Älpelesattel	1780 m	1000	NO	2	Seite 78
	Höfats	2259 m	1460	NO	4 KL	Seite 78
5.2	Rotes Loch	ca 1900 m	1100	NO	2	Seite 79
5.3	Rauheck	2384 m	1680	NO	3	Seite 79
5.4	Südliches Höllhorn	2145 m	1350	N,W,O	3 KL	Seite 80
	Jochspitze	2232 m	1430	N,W,O	3	Seite 80
5.5	Wildenfeldscharte	2160 m	1360	N,W	2	Seite 81
	Großer Wilder	2380 m	1600	alle	3-4	Seite 81
5.6	Schneck	2269 m	1470	N,W,S	3KL	Seite 82

Tourengebiet 6: Nebelhorn

6.1	Schochen	2100 m	450	NO,S	2 / 3-4	Seite 86
6.2	Laufbacher Eck	2179 m	550/750	alle	3-4	Seite 87
6.3	Großer Daumen	2280 m	350	SO	2/2-3/4	Seite 89
6.4.	Geißfuß	1980 m	1000	alle	3	Seite 92

Tourengebiet 7: Hinteres Ostrachtal

7.1	Schwarzenberghütte	1380 m	320	S	1	Seite 96
7.2.	Schochen	2100 m	1050	NO	2	Seite 96
7.3	Großer Daumen	2280 m	1220	SO	2	Seite 96
7.4	Laufbacher Eck	2178 m	1120	N	3-4	Seite 97
7.5	Salober	2088 m	1020	O	3	Seite 99
7.6	Schneck	2269 m	1200	N,O,S	3 KL	Seite 99
7.7	Großer Wilder	2380 m	1320	N	3	Seite 100
7.8	Prinz-Luitpold-Haus	1846 m	800	NW	2-3	Seite 101
7.9	Glasfelderkopf	2270 m	LH+430	S,NW	2-3/1/4	Seite 102
	Kesselspitze	2284 m	LH+450	S,NW	2-3/2	Seite 102
7.10	Kreuzkopf	2287 m	LH+430	NW,N	2-3/2	Seite 104
	Weittalkopf	2289 m	LH+430	N,W,N	2-3/2	Seite 104
7.11	Hochvogel	2592 m	LH+800	W,N,O	3 KL	Seite 105
	HV Südrinne +Kreuzkopf	2592 m	LH+1100	alle	3 KL	Seite 105
7.13	Erzbergtal: Sattelkopf	2097 m	1100	alle	3	Seite 107
	Roßkopf	1820 m	820	alle	3	Seite 107

Übersicht der Gipfel

Nr.	Gipfel	Höhe über NN	Höhenunterschied	Ausrichtung Exposition	Schwierigkeitsgrad	
	Schänzlekopf	2069 m	1050	W,N,O	3	Seite 107
	Schänzlespitze	2051 m	1050	W,N,O	3	Seite 107
	Lahnerkopf	2121 m	1100	alle	3	Seite 108
	Älpelekopf	2024 m	1000	alle	3	Seite 109

Tourengebiet 8: Vorderes Ostrachtal

Nr.	Gipfel	Höhe über NN	Höhenunterschied	Ausrichtung Exposition	Schwierigkeitsgrad	
8.1	Rauhhorn	2240 m	1400	W,N	3 KL	Seite 112
8.2	Gaishorn	2249 m	1400	W,S	2-3 KL /3-4	
	Zirleseck	1872 m	850	W,S	2	Seite 112
	Rohnenspitze	1990 m	1200	W,S	2 KL	Seite 112
	Ponten	2044 m	1200	W,S	2	Seite 112
8.3	Heubatspitze	2002 m	1150	N,O	2 / 2-3	Seite 114
8.4	Rotspitze	2033 m	1250	N,O	2	Seite 115
8.5	Entschenkopf	2043 m	1250	N,O	2	Seite 115

Tourengebiet 9: Tannheimer Tal

Nr.	Gipfel	Höhe über NN	Höhenunterschied	Ausrichtung Exposition	Schwierigkeitsgrad	
9.1	Kühgundkopf	1907 m	850	O,SO	1	Seite 120
9.2	Ponten	2044 m	1000	N	2	Seite 120
9.3	Bschießer	2000 m	950	N,O	3	Seite 121
9.4	Zirleseck	1872 m	800	N	2	Seite 122
9.5	Rohnenspitze	1990 m	920	N	2 / 3	Seite 122
9.6.	Gaishorn	2249 m	1150	N	2-3/3	Seite 124
9.7	Sulzspitze	2084 m	400/950	N,O	2	Seite 125
9.8	Litnisschrofen	2069 m	940	alle	2	Seite 126
9.9	Krinnenspitze	2000 m	875	W,SW	2	Seite 127
9.10	Schochenspitze	2069 m	900	N,O	2	Seite 128
9.11	Landsberger Hütte	1805 m	650	N	2-3	Seite 129
9.12	Rote Spitze	2131 m	LH+320	N,O	2	Seite 130
	Steinkarspitze	2067 m	LH+260	N,NO	2	Seite 130
	Lachenspitze	2125 m	LH+320	N,SW	2-3	Seite 130
	Schochenspitze	2069 m	LH+260	N,W	2	Seite 130
9.13	Geierköpfle	2010 m	850	N,O	2-3	Seite 131
9.14	Rauhhorn	2240 m	1100	O	3 KL	Seite 132

Tourengebiet 10: Östliche Vorberge

Nr.	Gipfel	Höhe über NN	Höhenunterschied	Ausrichtung Exposition	Schwierigkeitsgrad	
10.1	Reuter Wanne	1542 m	600	W,SW	1	Seite 135
10.2	Wertacher Hörnle	1695 m	650	S,SO	1	Seite 135
10.3	Jochschrofen (Ornach)	1625 m	525	O	1	Seite 136
10.4	Spieser	1651 m	650	S	1	Seite 137
10.5	Sonnenkopf	1712 m	700	W	1	Seite 137
	Heidelbeerkopf	1763 m	750	W	2	Seite 137
10.6	Schnippenkopf	1833 m	1000	W	2	Seite 138
10.7	Grünten	1738 m	700/1000	NW	3	Seite 139

Übersicht der Gipfel

Nr.	Gipfel	Höhe über NN	Höhen-unterschied	Ausrichtung Exposition	Schwierig-keitsgrad	
Tourengebiet 11: Balderschwang						
11.1.	Besler	1679 m	500	N	3	Seite 142
11.2	Riedberger Horn	1787 m	350	S	1 / 1-2	Seite 142
11.3	Siplinger Kopf	1746 m	700	S	1-2	Seite 144
11.4	Blaicher Horn	1669 m	650	SW,W	1	Seite 144
11.5	Burstkopf	1559 m	550	NO	1	Seite 145
	Feuerstätterkopf	1645 m	650	NO	1	Seite 145
Tourengebiet 12: Westliche Vorberge						
12.1	Rangiswanger Horn	1615 m	750/620	O,N	1	Seite 147
12.2	Großer Ochsenkopf	1662 m	650	N	1	Seite 148
12.3	Riedberger Horn	1787 m	750	N,NO	1	Seite 149
12.4	Tennenmooskopf	1628 m	700	NO,N	1	Seite 150
12.5	Steineberg	1683 m	750	S	2	Seite 150
12.6	Stuiben	1749 m	1000	W	1/2	Seite 151
12.7	Immenstädter Horn	1489 m	650	N	2	Seite 152
12.8	Überschreitung der Nagelfluhkette		ab 1550	alle	2	Seite 153
12.9	Rohnenhöhe	1639 m	800		1	Seite 155

Wochenendtouren

13.1 Hoher Ifen --> Schwarzwasserhütte --> Grünhorn --> Baad
13.2 Goßer Widderstein -->Mindelheimer Hütte--> Liechelkopf --> Mittelberg
13.3 Heilbronner Weg
13.4 Nebelhorn --> Großer Daumen oder Schochen --> Schwarzenberghütte --> Himmeleck --> Oytal --> Oberstdorf
13.5 Nebelhorn --> Laufbacher Eck --> Prinz-Luitpold-Haus --> Hochvogel --> Giebelhaus
13.6 Vilsalpsee --> Landsberger Hütte --> Schochenspitze --> Sulzspitze --> Haldensee
13.7 Balderschwang --> Siplinger Kopf --> Hochgrat--> Nagelfluhkette --> Immenstadt

Erläuterung zu den Angaben der Aufstiegshöhenmeter

Wo eventuell eine Hütte als Stützpunkt dient und der Hüttenaufstieg selbst als Tour beschrieben ist, sind die Aufstiegshöhenmeter der nachfolgenden Gipfel ab der Hütte angegeben.
z.B. 4.2 Hochrappenkopf RH+400 (RH = Rappenseehütte) bedeutet:
Aufstieg zur Rappenseehütte wie 4.1 und weitere 400 HM zum Gipfel.

1. Hoher Ifen und Schwarzwassertal

Tourengebiet 1: Hoher Ifen u. Schwarzwassertal

Der Hohe Ifen mit seinen senkrechten Felsabbrüchen und der Karstfläche des Gottesackerplateau ist eines der eigenartigsten Bergmassive der Alpen. Das an seiner Südseite anschließende Schwarzwassertal ist ein Tourengebiet, in dem auch Anfänger glücklich werden können. Leider entbrannte in diesem Gebiet ein Konflikt zwischen Jägern, Behörden, Freizeitsportlern, und berechtigten Erfordernissen des Naturschutzes, der dazu führte, das Teile dieses Tourengebietes als Sperrgebiet ausgewiesen wurden. Dies betrifft sowohl das zum Landkreis Oberallgäu gehörige Mahdtal, als auch die in Vorarlberg gelegene Südseite des Hohen Ifen. Der Dachverband des DAV (Referat für Natur- und Umweltschutz) und die örtlichen Alpenvereinssektionen haben mit den zuständigen Behörden in Verhandlung Lockerungen der Sperrungen erreicht. Daher ergeht die Bitte, alle Sperrungen ebenso zu respektieren wie die freiwilligen Ruhezonen zum Schutz der Rauhfußhühner, um das bisher Erreichte nicht zu gefährden

Zufahrt — Auf der B 19 von Sonthofen an Oberstdorf vorbei ins Kleine Walsertal und dort auf der B 201 bis ans Ortsende von Riezlern. Hier nach rechts der Beschilderung nach zum Parkplatz des Skigebietes Ifen 2000. (Auenhütte) 1275 m (Die Parkplätze für Besucher der Schwarzwasserhütte befinden sich am Anfang des Parkplatzes etwa 500 Meter bevor man die Auenhütte erreicht.) Mit öffentlichen Verkehrsmitteln ist dieses Tourengebiet sehr gut erreichbar. Ab Oberstdorf fährt alle 30 Minuten (tagsüber in der Hauptsaison) ein Bus nach Riezlern. Dort kann dann auf die alle 15 Minuten ab Riezlern Postamt verkehrende Ifen-Buslinie umgestiegen werden.

Karten — Allgäuer Alpen UK L8 1:50000 vom Bayerischen Landesvermessungsamt Zumsteinkarte Wanderkarte Nr. 5 Kleinwalsertal : 25000 (sehr aktuell bezüglich Forststraßen, Parkplätzen und Zufahrten). Hoher Ifen Blatt 8626 vom Bayerischen Landesvermessungsamt 1: 25000

Übernachtung — Die auch im Winter je nach Schneelage von 26.12. bis Ostermontag bewirtschaftete Schwarzwasserhütte (DAV Sektion Schwaben – Tel Nr. +43-664-3412457) bietet sich als Stützpunkt für mehrtägige Touren an.
Ebenfalls preiswert übernachten kann man im Mahdtalhaus (DAV Sektion Stuttgart – Reservierungen unter Tel. +49 8329/6423). Die Hütte ist mit Kfz erreichbar und befindet sich am Ausgangspunkt zum Toreck (Tour 1.8), oder im Naturfreunde Ferienheim in Mittelberg/Bödmen (Tel.: +49 8329/6583)

1. Hoher Ifen und Schwarzwassertal

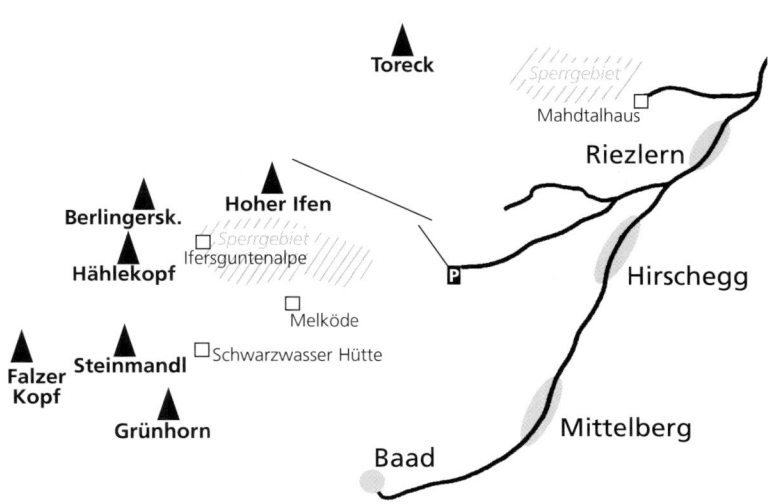

BERG-SPORT-ABENTEUER

Infos anfordern unter:

Burgfrieden 36 Fon 08341-82388
87600 Kaufbeuren Fax 08341-100461

EISTOUREN

SKITOUREN

SKI PLUS

FREE RIDING

SNOWBOARDTOUREN

LAWINENKURSE

WANDERN

HOCHTOUREN

KLETTERFÜHRUNGEN

FERNREISEN

1. Hoher Ifen und Schwarzwassertal

1.1 Zugang zur Schwarzwassserhütte 1620 m

Schwierigkeit 1
Höhenunterschied ca. 350 m.
Ausgangspunkt Parkplatz des Skigebietes „Ifen 2000" (Auenhütte)
Charakter Tal, dann nordostseitig flach bis mäßig steil.
Aufstieg Von der Auenhütte meist einer Pistenraupenspur folgend ohne nennenswerten Höhengewinn ins Schwarzwasssertal hinein bis zu der Melköde (1346 m) genannten Hütte im Talschluss. Über meist sanfte Hänge weiter in südwestlicher Richtung aufwärts zur Schwarzwasserhütte.
Abfahrt Wie Aufstieg.

1.2 Grünhorn 2039 m

Das von der Schwarzwasserhütte recht eindrucksvolle doppelgipflige Grünhorn läßt sich auf einer überraschend einfachen Route besteigen. Nur wenige Meter unter der Ochsenhofer Scharte sind sehr steil.

Schwierigkeit 2
Höhenunterschied ca. 770 m.
Ausgangspunkt Parkplatz des Skigebietes „Ifen 2000" (Auenhütte)
Charakter Talanstieg, dann nord- bis ostseitig flach bis steil, eine kurze Stelle sehr steil.
Aufstieg Auf Route 1.1 zur Schwarzwasserhütte und von ihr über zuletzt steile, zum Teil mit Büschen bewachsene Nordhänge in die Ochsenhofer Scharte. Nun nach rechts knapp südlich des Grates in den Osthang des Grünhorns queren und über den Osthang direkt hinauf zum Gipfel.
Abfahrt Wie Aufstieg oder Auf Route 2.1 nach Baad.

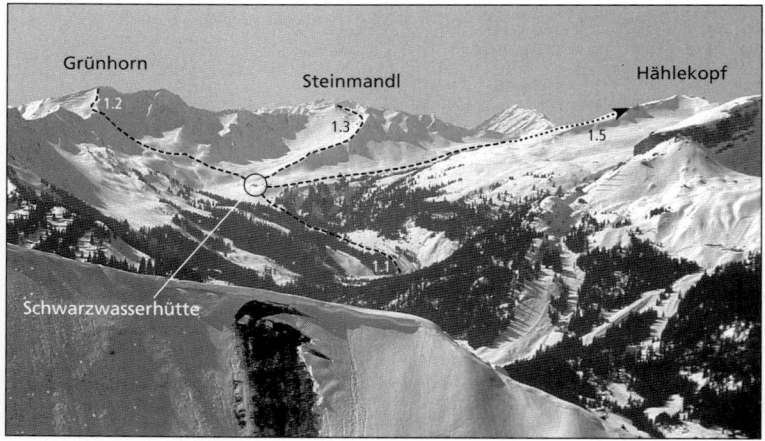

1. Hoher Ifen und Schwarzwassertal

1.3 Steinmandl 1981 m

Eine nette kurze Spritztour von der Schwarzwasserhütte aus. Skifahrerisch wesentlich lohnender als Grünhorn oder Hählekopf.

Schwierigkeit 1
Höhenunterschied ca. 710 m.
Ausgangspunkt Parkplatz des Skigebietes „Ifen 2000" (Auenhütte)
Charakter Talanstieg, dann ostseitig flach bis mäßig steil.
Aufstieg Auf Route 1.1 zur Schwarzwasserhütte und entlang des Ostgrat empor zum Gipfel.
Abfahrt Wie Aufstieg oder (schöner) durch die in Aufstiegsrichtung links vom Ostgrat gelegenen Mulden.

1.4 Falzer Kopf 1968 m

Dieser westlich des Steinmandl aufragende Gipfel bietet sich für all diejenigen an, die länger auf der Schwarzwasserhütte verweilen oder seine Besteigung mit der des Hählekopfes oder des Steinmandl verbinden wollen. Als eigenständige Tagestour von der Auenhütte wegen der langen, flachen Querungen wenig lohnend.

Schwierigkeit 2
Höhenunterschied ca. 700 m.
Ausgangspunkt Parkplatz des Skigebietes „Ifen 2000" (Auenhütte)
Charakter Talanstieg und lange Querungen, meist flach bis mäßig steil, Gipfelhang nordostseitig sehr steil.
Aufstieg Auf Route 1.1 zur Schwarzwasserhütte und weiter leicht rechtshaltend unterm Steinmandl hindurch in den Gerachsattel 1752 m queren. Nun weiter auf der Nordwestseite von Steinmandl und Kreuzmandl hindurch bis unter den Sattel zwischen Kreuzmandl und Falzer Kopf queren und über einen kurzen steilen Nordhang in diesen Sattel und auf dem Ostgrat zum Gipfel oder aber gleich durch die Nordflanke empor.
Abfahrt Wie Aufstieg.

1.5 Hählekopf 2058 m

Der Hählekopf ist ein breites Bergmassiv mit weiten, zum Teil etwas flachen Skihängen nach Süden und Osten. Abgesehen von den Vorbergen eine der leichtesten Touren in diesem Führer.

Schwierigkeit 1
Höhenunterschied ca. 790 m.
Ausgangspunkt Parkplatz des Skigebietes „Ifen 2000" (Auenhütte)

1.5.1 Aufstieg von der Schwarzwasserhütte

Charakter Talanstieg, dann nordost bis südseitig flach und mäßig steil, Gipfelhang kurzzeitig steil.

1. Hoher Ifen und Schwarzwassertal

Aufstieg	Auf Route 1.1 zur Schwarzwasserhütte und weiter leicht rechtshaltend unterm Steinmandl hindurch in den Gerachsattel 1752 queren. Über die sanften bis mäßig steilen Südhänge beliebig hinauf zum Gipfel. Bitte nur auf dieser Route aufsteigen und abfahren und nicht die „freiwillige Ruhezone zum Schutz der Rauhfußhühner" (Schnee- und Birkhühner) betreten, die sich auf der Südseite des Ostnordostgrates des Hählekopfes befindet. Die Route entlang dieser Ruhezone wurde vom Alpenverein markiert.
Abfahrt	Wie Aufstieg oder wesentlich lohnender auf Route 1.5.2

1.5.2 Aufstieg von Osten über Ifersguntenalpe

Diese Route führt im unteren Teil auf einer markierten Route durch das jagdliche Sperrgebiet und bietet eine zügige Abfahrt über sanfte Osthänge.

Charakter	Talanstieg, dann ostseitig flach bis mäßig steil, Gipfelhang steil.
Aufstieg	Auf Route 1.1 bis zum Erreichen des Talkessels mit der Melköde. Am rechten Rand dieses Kessels zieht ein baumfreier Südhang über den Auslauf des sogenannten „Roten Lochs" zum Hohen Ifen empor. Diesen etwas 100 Höhenmeter empor und den Markierungen folgend nach links durch den Wald queren zur Jagdhütte und weiter, in westlicher Richtung zur Ifersguntenalpe 1751 m aufsteigen. Stets mit etwas Sicherheitsabstand unterm Ostnordostgrat des Hählekopfes weiter empor und zum Schluß über einen kurzen Steilhang zum Gipfel.
Abfahrt	Wie Aufstieg.

1. Hoher Ifen und Schwarzwassertal

1.6 Berlingersköpfle (Pellingerköpfle) 1994 m

Von Osten gesehen ist das Pellingerköpfle ein unscheinbarer Kopf im Grat zwischen Hählekopf und Hohem Ifen. Sanfte Südosthänge leiten zu seinem Gipfel. Bei Schneebrettgefahr läßt sich mit vernünftiger Spuranlage das Risiko fast auf Null verringern. Ideale Anfängertour.

Schwierigkeit 1
Höhenunterschied ca. 725 m.
Ausgangspunkt Parkplatz des Skigebietes „Ifen 2000" (Auenhütte)
Charakter Talanstieg, dann südostseitig flach bis mäßig steil.
Aufstieg Wie auf Route 1.5.2 zur Ifersguntenalpe und über die sanften Südosthänge gerade empor zum Gipfel.
Abfahrt Wie Aufstieg.

1.7 Hoher Ifen 2229 m

Dieser eigenartige Bergstock verteidigt sich rundum mit senkrechten Felsabbrüchen. Nur an zwei Stellen ermöglicht eine Lücke dem Skibergsteiger ein Durchkommen.
Leider fiel die einstmals sehr beliebte und lohnende Südabfahrt dem jagdlichen Sperrgebiet zum Opfer. Wer den Hohen Ifen dennoch von Süden besteigen will muß den nachfolgend beschriebenen Umweg in Kauf nehmen.

Ausgangspunkt Parkplatz des Skigebietes „Ifen 2000" (Auenhütte).

1.7.1 Hoher Ifen von Süden

Schwierigkeit 3
Höhenunterschied ca. 960 m
Charakter Talanstieg, dann südost bis südseitig meist flach bis mäßig steil, längere Stelle sehr steil.
Aufstieg Auf Route 1.5.2 bis zur Ifersguntenalpe 1751 m und weiter bis ca. 1800 m Höhe aufsteigen. Erst jetzt im großen Rechtsbogen unter die Südwände des Ifen queren bis ein sehr steiler Südhang den Durchstieg zum Gipfeldach ermöglicht. Über sanfte Südhänge gerade empor zum Gipfel.
Abfahrt Wie Aufstieg. Dabei bitte nicht ins Sperrgebiet einfahren. Die Grenze des Sperrgebietes bildet der in der BLV Karte eingezeichnete Weg von der Ifersguntenalpe zum Ifen Gipfel.

1.7.2 Hoher Ifen von Norden (mit Hilfe der Bergbahnen Ifen 2000)

Schwierigkeit 3, KL
Höhenunterschied ca. 200 m.
Charakter Nordseitig steil bis sehr steil, kurze, leichte Kletterstelle
Aufstieg Von der Bergstation des Hahnenköpfleliftes im Skigebiet Ifen 2000. Von der Bergstation in etwa der 2000 Meter Höhenlinie folgend in großen Linksbogen unter der Nordwand des Ifens hindurchqueren bis eine steile, enge Rinne

1. Hoher Ifen und Schwarzwassertal

zum Gipfeldach emporführt. Im oberen Teil der Rinne wird ein kleiner Felsabsatz mit Hilfe eines Drahtseiles überwunden. Nun nach rechts über sanfte Hänge zum Gipfel.

Abfahrt Am besten auf Route 1.7.1 Recht gut auch mit dem Hählekopf zu verbinden.

1. Hoher Ifen und Schwarzwassertal

1.8 Toreck 2017 m

Als Toreck bezeichnet man den höchsten Gipfel im Grat der Oberen Gottesackerwände östlich der Scharte (Punkt 1967 m). Auch seine recht schöne, nur mäßig steile Nordostabfahrt zum Mahdtalhaus wurde im unteren Teil durch die Ausweisung eines Wildschutzgebietes gesperrt. Jedoch konnte in mehreren Verhandlungen die Wiedereröffnung dieser Abfahrt, teils auf neuer Route erreicht werden. Diese ist im Sommer 1999 markiert und im Waldbereich sogar etwas "ausgeholzt" worden. Die Abfahrt auf der markierten Route stellt zwar keine Ideallösung dar, jedoch ist so ein brauchbarer Kompromiß entstanden, mit dem beide Seiten gut leben können. Bei vernünftiger Spuranlage kann man der Lawinengefahr (außer bei extremen Verhältnissen) weitgehend aus dem Weg gehen.
Die Route ist zwar nicht schwierig oder gefährlich, jedoch verlangt die Abfahrt duch die engen Waldschneisen im unteren Teil etwas Übung.

Schwierigkeit	2
Höhenunterschied	ca. 950 m.
Charakter	Nordostseitig, mäßig steil.
Ausgangspunkt	Mahdtalhaus. Man verläßt die B 201 am Ortseingang von Riezlern und fährt über die Schwendebrücke nach rechts durch den Ortsteil Innerschwende bis zum Straßenende am Mahdttalhaus. Da es hier jedoch nur sehr wenig Parkraum gibt, ist es besser das Auto auf den Parkplätzen gleich nach der Schwendebrücke zu parken.
Aufstieg	Vom Mahdtalhaus über freie Wiesenhänge und durch den Wald - stets den Markierungen des DAV folgend - in westlicher Richtung aufsteigen bis man die Staatsgrenze genau dort erreicht, wo sie in ca. 1240 m Höhe abknickt und westwärts emporführt. Dann in einer engen Waldschneise auf der Linie der Staatsgrenze bis zu einer Forststraße ca. 1380 m aufsteigen. Hier auf keinen Fall geradeaus weiter (freiwillige Ruhezone zum Schutz der Rauhfußhühner), sondern auf der Forststraße an der Grafenkürenalpe vorbei nach rechts ins Mahdtal queren. Noch vor erreichen des Talbodens leicht linkshaltend über gestufte Nordosthänge zum Ostgrat des Torecks knapp westlich von Punkt 1829 m aufsteigen. Dann stets auf der Südseite des Grates über eine bucklige Karstflächen zum Gipfel. Bei Nebel sollte diese Tour tunlichst gemieden werden.
Abfahrt	Wie Aufstieg.

Tourengebiet 2: Baad

Das im Talschluß des Kleinen Walsertales gelegene Dörfchen Baad (1244 m) ist der Ausgangspunkt für eines der beliebtesten Tourengebiete im gesamten Nordalpenbereich. Der Gründe dafür liegen in dem reichhaltigem Angebot von meist nicht zu langen Touren unterschiedlicher Schwierigkeit und der bequemen Erreichbarkeit. Viele Touren werden hier schon unmittelbar nach starken Neuschneefällen begangen, obwohl das ganze Gebiet bei Lawinenwarnstufe 3 und mehr eigentlich tabu sein sollte. Die Touren um Baad sind auch in weniger guten Wintern recht schneesicher.

Zufahrt	Auf der B 19 von Sonthofen an Oberstdorf vorbei ins Kleine Walsertal und dort auf der Bundesstraße B 201 bis zum Talende nach Baad. Am Ortseingang steht ein großer gebührenpflichtiger Parkplatz zur Verfügung. Dieses Tourengebiet ist auch sehr gut mit öffentlichen Verkehrsmitteln zu erreichen. In der Wintersaison fährt tagsüber ca. alle 30 Minuten ein Bus vom Oberstdorf nach Baad (Fahrzeit ca. 40 min).
Karten	Allgäuer Alpen (UK L8) vom Bayerischen Landesvermessungsamt (alle Orts und Höhenangaben nach dieser Karte), Zumsteinkarte Wanderkarte Nr. 5 Kleinwalsertal (Sehr aktuell bezüglich Forststraßen Parkplätzen und Zufahrten), Österreichische Karte Blatt 113 Mittelberg 1: 25000.
Übernachtung	Preiswert übernachten kann man im Mahdtalhaus (DAV Sektion Stuttgart – Reservierungen unter Tel. +49 8329/6423). Die Hütte ist mit Kfz erreichbar und befindet sich am Ausgangspunkt zum Toreck (Tour 1.8), oder im Naturfreunde Ferienheim in Mittelberg/Bödmen (Tel.: +49 8329/6583)

2. Baad

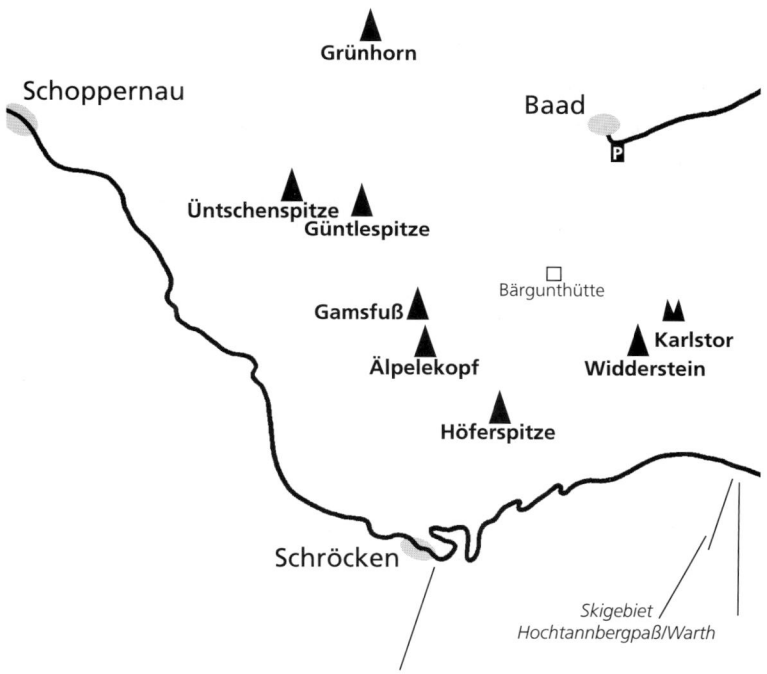

2. Baad

2.1 Grünhorn 2039 m

Das Grünhorn bietet im oberen Teil sehr schöne ost- bis südseitig ausgerichtete Hänge. Im unteren Teil der Abfahrt ist eine etwa 200 Meter hohe Waldstufe zu überwinden. Daher ist eine hohe Schneelage angenehm.

Schwierigkeit 2
Höhenunterschied ca. 800 m
Ausgangspunkt Baad
Charakter Süd- bis ostseitig, mäßig steil bis steil.
Aufstieg Vom Parkplatz durch das Dorf hinauf und von seinem linken oberen Ende einem Fahrweg ins Turatal hinein folgend bis zur Inneren Turaalpe. Etwa 500 m nach der Alpe zieht eine breite Waldschneise empor. Diese hinauf und weiter durch eine Waldstufe bis in ca. 1600 m Höhe freie Weideflächen erreicht werden. Immer leicht links haltend bis unter die Ochsenhofer Scharte und über den Osthang des Grünhorns zum Gipfel.
Abfahrt Wie Aufstieg oder hinab bis zur Starzelalpe, um anschließend leicht steigend nach Osten zur Aufstiegsroute zu queren.

2.2 Güntlespitze 2092 m

Die Güntlespitze ist mit Abstand die beliebteste Skitour in Baad. Eine abwechslungsreiche, nicht zu lange Aufstiegsroute und drei schöne Abfahrten sind die Pluspunkte dieser Tour. Aber nicht vergessen: Lawinen bedrohen auch Modetouren! Bei schlechter Sicht sollte man diese Tour meiden.

Schwierigkeit 2
Höhenunterschied ca. 850 m
Ausgangspunkt Baad
Charakter Südost-, ost-, nordost- bis nordseitig mäßig steil bis sehr steil.
Aufstieg Vom Parkplatz am Südende des Ortes auf der westlichen, rechten von zwei Brücken die Breitach überschreiten kurz an ihrem Ufer entlang, dann links hinein ins Derratal. Stets auf der linken Talseite etwa einen Kilometer taleinwärts bis zum Zusammenfluß von Spital und Derrabach. Hier die Talseite wechseln und über einen Südhang empor zur Spitalalpe ca. 1550 m. Von dieser weiter talein in Richtung der Oberen Spitalalpe bis in ca. 1700 m Höhe. Nun von rechts nach links einen steilen Kessel nach Westen queren und zuletzt steil zum Grat zwischen Derrajoch und Derralpe steigen. Nun südwestlich zum Nordhang der Güntlesspitze queren, diesen zuletzt steil hinauf bis man zum Ostgrat queren kann. Über diesen zum Gipfel.
Abfahrt 2.2.1 wie Aufstieg,
2.2.2 über den Südhang hinab ins Derratal und stets in der Nordflanke des Wannenberges hinaus bis zum Zu-

2. Baad

sammentreffen mit der Aufstiegsroute.

2.2.3 Abfahrt nach Schoppernau im Bregenzer Wald.

Höhenunterschied ca. 1200 m.

Charakter Nord-, nordwest- und westseitig mäßig steil bis sehr steil.

Abfahrt Von der Südschulter der Güntlespitze kurz westseitig hinab Richtung Häfnerjoch Dann über prächtige nord–seitige Mulden hinab bis sich diese zu einem engen, nach Westen leitenden V-Tal verengen. Auf der in Abfahrts–richtung rechten Talseite auf Forststraßen hinaus nach Schoppernau.

Um zum Ausgangspunkt zurückzugelangen fährt man mit dem Bus hinauf zum Hochtannbergpaß, zieht dort nochmals die Felle auf um über den Ostrücken der Hö-ferspitze aufzusteigen, bis man in ca. 1900 m Höhe zum Hochalppaß 1938 m queren kann (300 Höhenmeter). Von dort Abfahrt durchs Bärgunttal nach Baad. Man erkundige sich bei dieser Variante unbedingt nach den Abfahrtszeiten der Busse (im Winter 99 vormittags stündlich) beim Verkehrsamt (Tel. 0043/5515/2495) in Schoppernau. Sollte man hier den Bus versäumt haben, wird das Taxi teuer, denn man ist auf dem Straßenweg fast 100 Kilometer vom Ausgangspunkt entfernt.

2. Baad

2.3 Ünschtenspitze 2135 m

Dieser westlich des Hauptgrates aufragende schneidige Kegel ist von Baad aus schon ein eher ungewöhnliches Ziel, abseits vom „Mainstream". Die schöne Aussicht in den Bregenzer Wald und die interessanten Abfahrten sind jedoch die Mühen des etwas umständlichen Aufstieges wert.

Schwierigkeit 2 oder 4 (Nordflanke)
Höhenunterschied 1000 m.
Ausgangspunkt Baad
Charakter Alle Expositionen, flach bis sehr steil.
Nordflanke: nordseitig, extrem steil.
Aufstieg Wer die Üntschenspitze von Baad aus besteigen will, dessen Weg führt zuerst auf Route 2.2 auf die Güntlespitze. Vom südwestlichen Ende Ihres Gipfelgrates fährt man ca. 100 m nach Westen ins Häfnerjoch 1979 m ab und besteigt den Gipfel über seinen Ostgrat bzw. knapp unter der Grathöhe in der Südflanke.
Abfahrt Am lohnendsten vom Häfnerjoch auf Route 2.2.3 nach Schoppernau, ansonsten wieder zurück über die Güntlespitze, oder

2.3.1 Abfahrt über die Nordflanke
Nur Steilwandexperten wagen die Abfahrt über die bis zu 50 Grad steile, schon mehrfach befahrene Nordflanke (vorheriges Geländestudium - am besten vom Grünhorn - unabdingbar). Diese Abfahrt ist sicherlich die schwierigste in diesem Führer beschriebene Route!

2.4 Gamsfuß ca. 1990 m

Der Gamsfuß ist eigentlich nur eine breite Schulter in dem vom Heiterberg zum Üntschenpaß ziehenden Grat. In den nordostseitigen, meist eher sanften Mulden hält sich oft lange guter Pulverschnee. Doch auch diese Tour verlangt lawinensichere Verhältnisse.

Schwierigkeit 1
Höhenunterschied ca. 770 m.
Ausgangspunkt Baad
Charakter Talanstieg, dann nord-, nordost- und ostseitig mäßig steil bis steil.
Aufstieg Vom Parkplatz südwärts, auf einer meist von Motorschlitten gespurten Forststraße ins Bärgunttal hinein bis zur Bärgunthütte 1391. Von hier noch kurz auf der rechten Talseite taleinwärts und unmittelbar nach Überschreiten eines Baches nach rechts durch lichten Wald und freie Böden an der Stierlochalpe bis in ca. 1800 m Höhe. Hier über eine kurze steile Geländestufe in den Kessel unter dem Älpelekopf genannten Nordgipfel des Heiterberges. Aus diesem Kessel nach Westen empor zu der Schulter, die das Gipfelziel darstellt.
Abfahrt Wie Aufstieg.

2. Baad

2. Baad

2.5 Höferspitze 2131 m

Dieser im Talhintergrund des Bärgunttales gelegene Gipfel bietet einen ca. 350 m hohen, sehr schönen Gipfelhang, ansonsten führt die Route durch ein relativ langes, jedoch zügig zu fahrendes Tal mit zwei Steilstufen.

Schwierigkeit	2
Höhenunterschied	ca. 900 m.
Ausgangspunkt	Baad
Charakter	Talanstieg, dann nord, nordost und ostseitig flach bis steil.
Aufstieg	Wie bei Tour 2.4 zur Bärgunthütte und weiter immer dem Sommerweg folgend taleinwärts über zwei Steilstufen (Die zweite Stufe wird knapp links des Bachlaufes entlang des Sommerweges überwunden) bis auf ca. 1800 m. Von hier über einen mäßig steilen bis steilen Osthang auf die Nordschulter und über den Nordgrat rasch zum Gipfel.
Abfahrt	Wie Aufstieg, bei günstigen Verhältnissen auch direkt vom Gipfel möglich.

2.6 Heiterberg 2188 m + Älpelekopf ca. 2170 m

Dieses mehrgipflige Massiv bietet dem erfahrenen Skibergsteiger, der den Schwierigkeiten gewachsen ist, eine interessante und einsame Alternative zu den meist recht gut besuchten Gipfel in der näheren Umgebung.

Schwierigkeit	3, KL
Höhenunterschied	ca. 970 m.
Ausgangspunkt	Baad
Charakter	Talanstieg, dann nord-, nordost- und ostseitig bis extrem steil und Kletterstellen.
Aufstieg	Auf Route 2.5 bis das Bärgunttal hinein bis über die erste bewaldete Steilstufe empor bis in etwa 1700 m Höhe. Dann durch schöne, ostseitige Mulden bis in Gipfelfalllinie des Heiterberges. Hier meist Skidepot. Nun ein immer steiler werdendes Coloir empor in den Sattel zwischen dem Heiterberg und seinem auch Älpelekopf genannten Nordgipfel. Da der Heiterberg von hier nur in sehr heikler Kletterei (II-III nach UIAA-Skala) erreichbar ist folgt man dem Grat am besten nach rechts zur Älpelekopf. Ein Eisgerät und Steigeisen sind bei diesem Anstieg meist recht hilfreich.
Abstieg	Wie Aufstieg.

2.7 Großer Widderstein 2533 m

Diesem weithin sichtbaren Dolomitklotz sieht man es kaum an daß er bei günstigen Verhältnissen – besonders in schneereichen Wintern – bis zum Gipfel mit Ski bestiegen werden kann. Der steilen Südrinne wegen sollte diese Tour nur von sehr sicheren Skifahrern befahren werden. Sicher eine der lohnendsten Touren in der Gegend.

Schwierigkeit 3
Höhenunterschied ca. 1300 m.
Ausgangspunkt Baad
Charakter Talanstieg, dann nord-, west- und südseitig längere Strecken sehr steil.
Aufstieg Auf Route 2.5 bis in den obersten Kessel des Bärgunttales in ca. 1800 Höhe. Nun einen nach Osten ziehenden Rücken folgend an der Zollhütte vorbei in die Südhänge des Widdersteins queren bis man sich direkt in südlicher Gipfelfalllinie befindet. Von hier durch eine steile, enge Rinne empor, die oben in schöne Steilhänge mündet. In leichten Linksbogen hinauf zum Gipfel.
Abfahrt Wie Aufstieg.

2.8 Karlstor ca. 2100 m

Das Karlstor ist die Scharte zwischen Kleinen und Großen Widderstein. Wem eine rassige Abfahrt wichtiger ist als ein Gipfelsieg, der ist am Karlstor genau richtig. In den schattigen Karen unter der düsteren Nordwand des Großen Widdersteins hält sich der Pulver besonders lange. Bis in den Spätwinter hinein ist fast die gesamte Tour ohne Sonne.

Schwierigkeit 2
Höhenunterschied ca. 900 m.
Ausgangspunkt Baad
Charakter Kurzer Talanstieg, dann nordseitig steil.
Aufstieg Von Baad durchs Bärgunttal immer auf der linken Talseite haltend bis zur Inneren Widdersteinalpe ca. 1320 m. Von hier einem Bachlauf nach Südosten folgend in das schattige Kar unter der Nordwand des Gr. Widdersteines empor. Durch dieses Kar empor ins Karlstor.
Abfahrt Wie Aufstieg oder:

2.8.1 Abfahrt nach Osten
Charakter Nordostseitig steil bis sehr steil, dann Tal.
Abfahrt Über einen 800 Meter hohen steilen bis mäßig steilen Traumhang hinab ins Gemsteltal, dieses hinaus nach Bödmen und per Bus oder auf der Langlaufloipe (ca. 2 km) zurück nach Baad.

Mahdtalhaus

Der ideale Tourenstützpunkt im Kleinwalsertal

Selbstversorgerhaus, Teilbewirtschaftung, ganzjährig geöffnet (geschlossen zwischen 1.11. und 20.12.)
Anschrift: Mahdtalhaus, Fam. Gans, Innerschwende 39, 87567 Riezlern / Kleinwalsertal
Telefon: 08329 / 6423; Fax: 08329 / 64234

DAV Sektion Stuttgart

3. Schafalpen

Tourengebiet 3: Schafalpen

Als Schafalpen bezeichnet man den zwischen Kleinem Walsertal und Stillachbzw. Rappenalptal gelegenen Bergkamm. Eine Fülle empfehlenswerter Touren warten hier auf den Skibergsteiger. Die Touren sind jedoch bezüglich der Gesamtanforderungen meist deutlich anspruchsvoller als die Skigipfel im Tourengebiet 1 und 2. Zwei DAV Hütten mit Winterraum bieten sich als Stützpunkt mitten im Gebiet an und ermöglichen so auch recht großzügige Wochenendtouren. Bei der Benutzung von öffentlichen Verkehrsmitteln lassen sich eindrucksvolle Überschreitungen von West nach Ost oder umgekehrt durchführen. Die Bergbahnen des Skigebietes Fellhorn/Kanzelwand ermöglichen einen bequemen Zugang in den Nordteil der Gruppe.

Noch eine wichtige Besonderheit: Die Oberstdorfer bezeichnen die Gipfel zwischen Fiderepaß und Fellhorn vom Fiderepaß ausgehend wie folgt: Hammerspitze, Hochgehrenspitze, Schüsser, Warmatsgundkopf, Die Walser bezeichnen diese Gipfel in der gleichen Reihenfolge als Schüsser, Hochgehrenspitze, Hammerspitze und Kanzelwand. In den weiteren Beschreibungen werden die Oberstdorfer Bezeichnungen verwendet.

Karten Allgäuer Alpen UK L8 vom Bayerischen Landesvermessungsamt 1:50000 (alle Orts und Höhenangaben nach dieser Karte) Zumstein Wanderkarte Nr. 5 Kleinwalsertal (Sehr aktuell bezüglich Forststraßen, Parkplätzen und Zufahrten. Einödsbach L 8627 v. Bayerischen Landesvermessungsamt 1:25000 (Nur auf deutschem Gebiet sehr gut) Österreichische Karte Blatt 113 Mittelberg 1: 25000.

Zufahrt Von Oberstdorf auf der B 19 ins Kleine Walsertal und von dort auf der B 201 bis zum Beginn der jeweiligen Touren bzw. von Oberstdorf über die Westumgehung der Beschilderung nach zur Fellhornbahn Dort ausreichend gebührenpflichtiger Parkraum. (Wer die Fellhornbahn benutzt, bekommt die Parkgebühr zurückerstattet.)

Mit öffentlichen Verkehrsmitteln (in der Hauptsaison ca. alle 30 Min ab Oberstdorf). Per Bus ins Kleine Walsertal oder stündlich ab 9:30 Uhr über die Fellhornbahn nach Birgsau. Wer eine Überschreitung der Gruppe plant parkt sein Auto am besten an der „Westumgehung" von Oberstdorf am Straßenrand der Stillachstraße (kein Halteverbot). Von hier sind es nur wenige Schritte zur Haltestelle Walserbrücke und man entgeht somit auch den hungrigen Schlünden der Oberstdorfer Parkscheinautomaten. Ansonsten stehen große und teure Parkplätze am Ortseingang von Oberstdorf zur Verfügung. Auskunft über die Busfahrpläne erteilt das Verkehrsamt Oberstdorf (Tel.: 08322/7000 oder die Firma RVA Tel.: 08322/96770)

Übernachtung Fiderepaßhütte (DAV Sektion Oberstdorf) und Mindelheimer Hütte (DAV Sektion Mindelheim) Die Hütten sind im Winter nicht bewirtschaftet, jedoch steht jeweils ein mit AV-Schlüssel zugänglicher Winterraum zur Verfügung.

3. Schafalpen

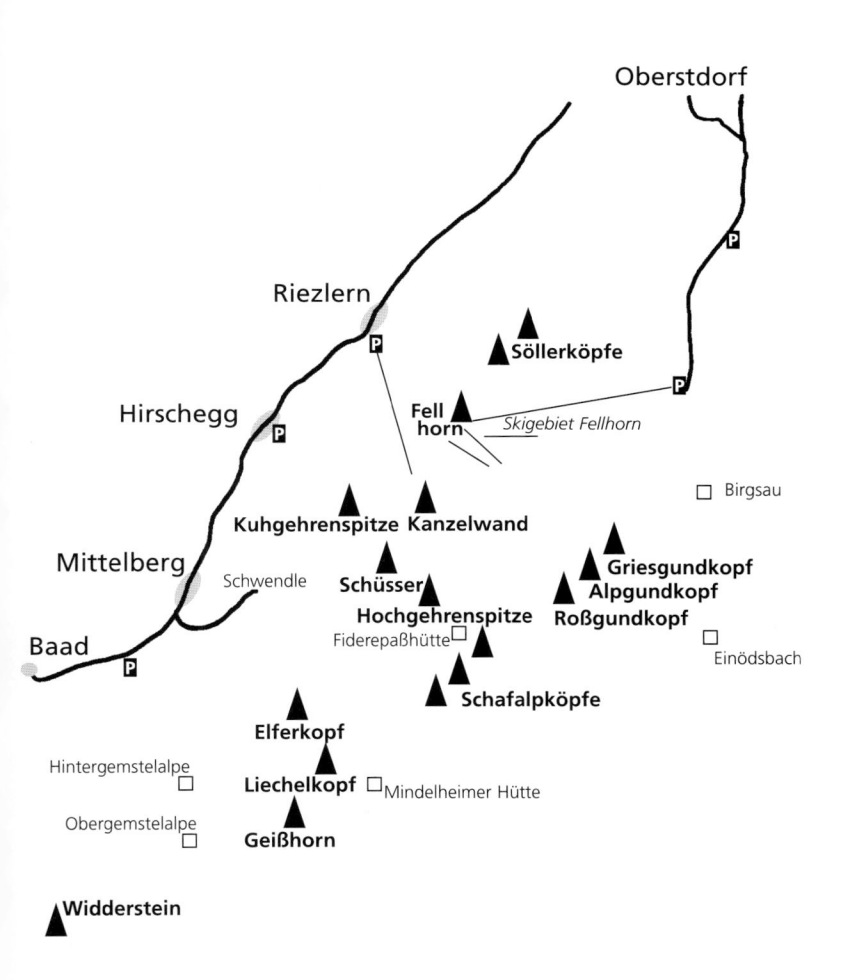

Ebenfalls preiswert übernachten kann man im Mahdtalhaus (DAV Sektion Stuttgart – Reservierungen unter Tel. +49 8329/6423). Die Hütte ist mit Kfz erreichbar und befindet sich am Ausgangspunkt zum Toreck (Tour 1.8), oder im Naturfreunde Ferienheim in Mittelberg/Bödmen (Tel.: +49 8329/6583)

3. Schafalpen

3.1 Geißhorn 2366 m

Das Geißhorn bietet in der oberen Hälfte der Tour ideales Skigelände. Wegen der Steilstufe zwischen Ober- und Hintergemstelalpe ist jedoch eine hohe Schneelage angenehm. Die Länge des Talhatschers hält sich noch in angenehmen Grenzen.

Schwierigkeit 2-3
Höhenunterschied ca. 1200 m.
Ausgangspunkt Mittelberg/Bödmen
Charakter Talanstieg, dann nord- west und südseitig mäßig bis sehr steil.
Aufstieg Vom Parkplatz am Ortsende von Mittelberg an der Straße nach Baad auf der Langlaufloipe hinab zum Gemstelboden. Nun auf einer Forststraße das Gemsteltal hinein bis zur Hintergemstelape 1320 m. Die nun folgende oft unangenehme latschenbewachsene Steilstufe wird von rechts nach links entlang des Sommerweges überwunden. Weiter in südlicher Richtung bis zur Obergemstelalpe 1694 m. Hier in östlicher Richtung durch ein kleines Tal bis in Fallinie des Gipfels. Über den steilen Südhang gerade zu diesem hinauf.
Abfahrt Wie Aufstieg.

3.2 Liechelkopf 2384 m

Der Liechelkopf ist ein anspruchsvolles Ziel für sichere Skifahrer. Bis in die Gipfelscharte ist seine Aufstiegsroute auch mit dem Winterzustieg zur Mindelheimer Hütte identisch. In schneereichen Winter kann auf dem Südostgrat bis zum Gipfel mit Ski aufgestiegen werden.

Schwierigkeit 3
Höhenunterschied ca. 1200 m.
Ausgangspunkt Wirtshaus Schwendle; gegenüber von Mittelberg am Fuß des Zwölferkopfs gelegen. Um dorthin zu gelangen verläßt man in Mittelberg die Straße nach Baad und folgt dem schmalen Sträßchen. Hier leider nur minimale Parkmöglichkeit, daher ist es besser, das Auto bereits in Mittelberg zu parken.
Charakter Nordwest-, nord- und ostseitig, meist steil bis sehr steil, dazwischen auch Flachstücke
Aufstieg Vom Schwendle auf einer Forststraße ins Wildental hinein bis zur Fluchtalpe 1390 m und anschließend über eine zum Teil latschenbewachsene Steilstufe empor zu der in einem kleinen Hochtal gelegenen Hinterwildenalpe 1777 m. Flach durch das Hochtal nach Südwesten bis zu seinem Ende. Von hier zieht eine Y-förmige Rinne in die Scharte zwischen Angerer- und Liechelkopf. Durch den rechten Ast der Rinne sehr steil empor in die Scharte und über den steilen Südostrücken empor zum Gipfel.
Abfahrt Wie Aufstieg oder:

3. Schafalpen

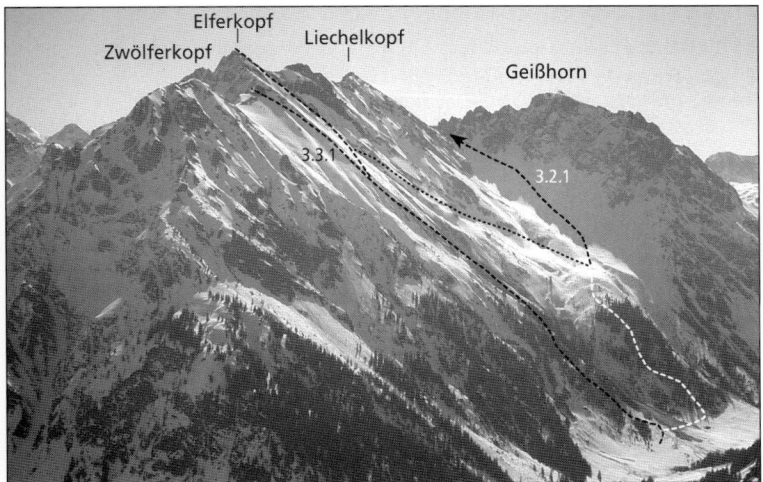

3.2.1 Abfahrt ins Gemsteltal

Charakter Südwest-, westseitig-, steil bis sehr steil, dann Tal.
Abfahrt Über den Südrücken hinab in die Scharte P. 2187 und durch ein schönes westseitiges Kar zu Punkt 1670 (Schönisbodenalpe). Von hier durch steilen Wald Richtung westnordwest hinab zur Tonisgemstelalpe und das Gemsteltal hinaus nach Mittelberg.

3. Schafalpen

3.3 Elferkopf 2387 m

3.3.1 Elferkopf aus dem Gemsteltal

Die Abfahrt vom Elferkopf ins Gemsteltal ist eine der schwierigsten Skitouren dieses Führers an der Grenze zum Extremskilauf. Die bis zu 45 Grad geneigte Südwestflanke sollte nur bei gutem Firn befahren werden. Nach langen Schönwetterperioden gibt diesen häufig schon im Hochwinter. Für den Aufstieg sind Steigeisen und ein Pickel unerläßlich.

Schwierigkeit 4
Höhenunterschied ca. 1200 m.
Ausgangspunkt Mittelberg/Bödmen
Charakter Talanstieg, dann südwestseitig, extrem steil.
Aufstieg Vom Parkplatz am Ortsende von Mittelberg an der Straße nach Baad auf der Langlaufloipe hinab zum Gemstelboden und das Gemsteltal hinein bis zur Tonisgemstelalpe. Nun links an geeigneter Stelle zwischen Wald und Latschen in die über 1000 m hohe nach oben immer steiler werdende Südwestflanke. Diese empor, wobei man den Grat am besten knapp nördlich des Elfergipfels ansteuert. Über den Grat rasch empor zum Gipfel.
Abfahrt Wie Aufstieg.

3.3.2 Elferkopf Wintergipfel (ca. 2.350 m) aus dem Wildental

Die Nordostseite des Elfers eignet sich für den Genußskifahrer eher als seine steile Südwestflanke. Aber auch hier wird der Extreme fündig. Die extrem steile, zwischen Haupt und Wintergipfel nach Norden ins Wildental ziehende Elferrinne ist eine Herausforderung für sehr gute Skifahrer.

Schwierigkeit 2
Höhenunterschied ca. 1200 m.
Ausgangspunkt Mittelberg/Schwendle (siehe 3.2)
Charakter Nord-, und ostseitig meist steil, dazwischen Flachstücke, kurze Passage sehr steil.
Aufstieg Wie bei Tour 3.2. bis zur Hinterwildenalpe. Von hier noch ein Stück Richtung Liechelkopf bis rechterhand der Aufstieg durch eine große Mulde bis zum „Winterelfer" möglich wird. Der Übergang zum Hauptgipfel fordert Kletterei bis zum IV. Grad nach UIAA-Skala und dürfte bei winterlichen Verhältnissen für den alpinen Normalverbraucher kaum möglich sein.
Abfahrt Wie Aufstieg.

3.3.3 Abfahrt durch die Elferrinne

Schwierigkeit 4
Charakter Nordseitig, extrem steile Rinne.
Abfahrt Durch die zwischen Winterelfer und Hauptgipfel hinabziehende Rinne nach Norden.

3. Schafalpen

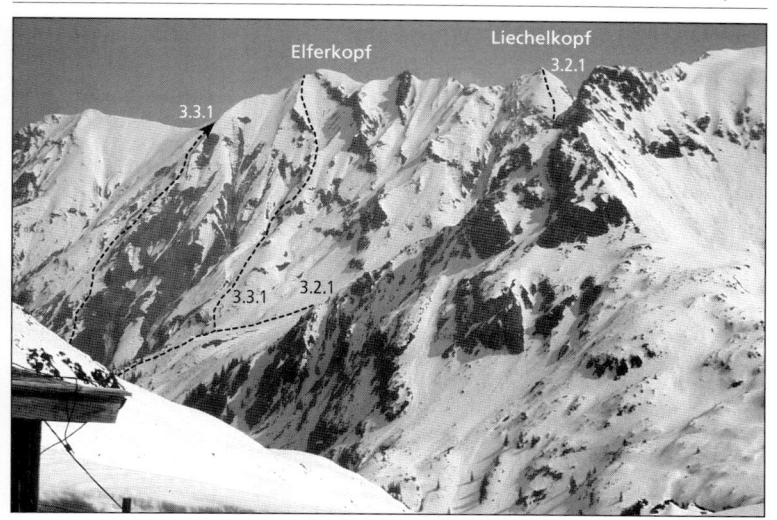

Elferkopf — 3.3.1
Liechelkopf — 3.2.1

3.3.1   3.2.1

SKITOURENEQUIPEMENT · SNOWBOARDTOUREN

Scenic SPORTS

IMMER SONDERANGEBOTE

- SCHNEESCHUHVERLEIH
- SEILE, SCHUHE
- KARABINER

Immer richtiges Equipment !!

KAISER MAX STR.8   KAUFBEUREN

3. Schafalpen

3.4 Ochsenloch ca. 2150 m, Schafalpkopf 2302 m

Das zwischen Südwestlichem Schafalpkopf 2272m und Mittlerem Schafalpkopf 2302 m eingebettete Kar wird als Ochsenloch bezeichnet. Eine Serie von schönen meist westseitigen Hängen erfreut den Genußskifahrer. Wer den Gipfel des Mittleren Schafalpkopf erreichen will, muß ein Stück des Mindelheimer Klettersteiges begehen. Bei winterlichen Verhältnissen meist ein recht zeitraubendes Unternehmen. Bei dieser Tour sind zahlreiche Varianten möglich.

Schwierigkeit 2 bzw. 2, KL (Schafalpkopf)
Höhenunterschied ca. 1000 m (Mittlerer Schafalpkopf 2302 +150 m)
Ausgangspunkt Mittelberg/Schwendle (siehe 3.2)
Charakter Westseitig, steil, Gipfelanstieg leichte Kletterei.
Aufstieg Vom Schwendle auf Route 3.2 bis zur Fluchtalpe und gerade weiter empor zur Vorderwildenalpe Nun leicht rechtshaltend in das von eindrucksvollen Felswänden eingerahmte Kar aufsteigen. Dieses beliebig weit empor.
Wer den Mittleren Schafalpkopf erklettern will, steuert die Scharte zwischen diesem und dem Südwestlichen Schafalpkopf an. Hier Skidepot. Nun nach links auf den Mindelheimer Klettersteig empor zum Gipfel. Dabei ist natürlich damit zu rechnen, daß die Versicherungen des Klettersteiges eingeschneit sind und somit nicht immer benutzt werden können. Steigeisen können für den Gipfelaufstieg oft recht hilfreich sein.

3. Schafalpen

3.5 Hochgehrenspitze 2251 und Schüsser (Hammerspitze) 2170 m

Schöne, meist mäßig steile Südwesthänge ziehen aus dem Wildental hinauf zu diesen beiden Gipfel. Da beide Touren bis weit hinauf einen gemeinsamen Anstieg haben, werden sie gemeinsam beschrieben.

Schwierigkeit 2
Höhenunterschied ca. 1150 bzw. 1050 m.
Ausgangspunkt Mittelberg/Schwendle (siehe 3.2)
Charakter Südwestseitig mäßig steil bis steil
Aufstieg Vom Schwendle ins Wildental hinein bis zur Oberen Wiesalpe Kurz danach links empor durch eine von Latschenfelder begrenzte Rinne hinauf zur Wanne Alpe 1821 m. In schneearmen Wintern weicht man besser im großen Rechtsbogen über die Vorderwildenalpe aus. Zum Schüsser gerade über schöne Südhänge empor zum Gipfel, Zur Hochgehrenspitze leicht rechtshaltend zu ihrem Südwestrücken und diesen steil empor bis dieser im Schrofengelände endet. In leichter Schrofenkraxelei die letzen Meter empor zum Gipfel.
Abfahrt Wie Aufstieg.

3. Schafalpen

3.6 Fiderepaß 2051 m und Fiderepaßhütte 2061 m

Dieser Paßübergang vom Stillachtal ins Kleine Walsertal kann von beiden Seiten mit Ski auf sehr lohnenden Routen erreicht werden. Zudem bietet sich für denjenigen, der eine mehrtägige Tour plant, der mit AV-Schlüssel zugängliche Winterraum zur Übernachtung an.

3.6.1 Aufstieg aus dem Wildental
Schwierigkeit 2
Höhenunterschied ca. 900 m.
Ausgangspunkt Mittelberg/Schwendle (siehe 3.2)
Charakter Westseitig, mäßig steil bis steil.
Aufstieg Vom Schwendle auf Route 3.2 zur Fluchtalpe 1390 m. und weiter empor zur Vorderwildenalpe. Ganz leicht links haltend in eine großes Kar. Durch dieses zuletzt steil an seiner rechten Seite empor zum Paß.

3.6.2 Aufstieg aus dem Stillachtal ohne Seilbahn
Schwierigkeit 2
Höhenunterschied ca. 1150 m.
Ausgangspunkt Oberstdorf/Talstation der Fellhornbahn
Charakter Ost-, nordost- und nordseitig, meist mäßig steil bis steil, kurzeitig sehr steil, dazwischen auch Flachstücke
Von der Talstation der Fellhornbahn auf der Skipiste empor bis zum Schlappoldhöfle 1289 m. Es folgt eine Querung nach links auf einer Forststraße zur Wankhütte im Warmatsgundkessel. Aus dem Talschluß über mäßig steile Hänge zur Kühgundalpe und weiter stets an der linken Seite des Kares kurzzeitig steil empor zum Paß.

3.6.3 Aufstieg aus dem Skigebiet Fellhorn/Kanzelwand
Schwierigkeit 2
Höhenunterschied Minimal ca. 600 m
Ausgangspunkt Oberstdor/Talstation der Fellhornbahn oder Riezlern/Kanzelwandbahn
Charakter West-, ost-, nordost- und nordseitig, mäßig steil bis steil kurzzeitig sehr steil, Gegenanstieg.
Wesentlich empfehlenswerter als auf Route 3.6.2 aufzusteigen, ist es jedoch eine der beiden Bergbahnen zu benützen und von der Bergstation des Bierenwangliftes durch die Westflanke des Warmatsgundkopfes (Kanzelwand) in die Scharte südlich seines Gipfels aufzusteigen. Über traumhafte Osthänge hinab bis man auf ca. 1500 m Höhe auf die oben beschriebene Aufstiegsroute 3.6.2 trifft. Wer ins Stillachtal zurückkehren muß bedient sich für den Aufstieg am besten der Fellhornbahn, wer sein KFZ im Kleinen Walsertal geparkt hat, bediene sich der Kanzelwandbahn. An beiden Bergbahnen sind Einzelbergfahrten für Tourengeher erhältlich.
Abfahrt Auf einem der beschriebenen Aufstiegen.

3. Schafalpen

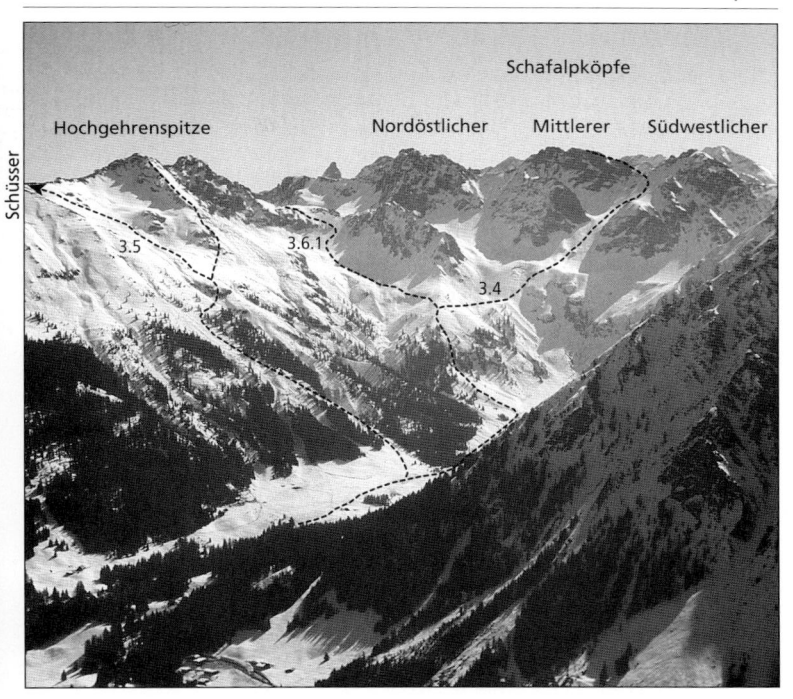

3. Schafalpen

3.7 Griesgund 2159 m, Alpgund 2177 m und Roßgundkopf 2139 m

Diese drei den Warmatsgundkessel südöstlich begrenzenden Gipfel bieten den Tourengeher traumhafte Abfahrten in eindrucksvoller Landschaft - nach Ost und West - von den zwischen den Gipfeln eingeschnittenen Scharten. Die leichte Erreichbarkeit ist ein weiterer großer Pluspunkt der nachfolgenden Routen.

Ausgangspunkt Oberstdorf/Talstation der Fellhornbahn oder Riezlern/Kanzelwandbahn.

3.7.1 Aufstieg aus dem Warmatsgundkessel

Schwierigkeit 2
Höhenunterschied ca. 700 m aus dem Warmatsgundkessel (Wank).
Charakter Nordwestseitig, mäßig steil, bis steil (je nach Zugang in den Warmatsgundkessel auch noch andere Expositionen.
Aufstieg Auf Route 3.6.1, 3.6.2 oder 3.6.3 in den Warmatsgundkessel (Wankhütte) und über leicht gestufte nordwestseitig ausgerichtet Hänge beliebig empor in eine der Gipfelscharten und von hier meist zu Fuß nach links oder rechts zu einem oder mehreren der drei Gipfel. Nur aus der südwestlich des Roßgundkopfes gelegenen Roßgundscharte 2005 m ist mit vertretbarem Aufwand kein Gipfel zu erreichen.
Abfahrt wie Aufstieg oder:

3. Schafalpen

3.7.2 Abfahrt nach Osten
Schwierigkeit 2-3
Charakter Südost-, ost- und nordostseitig mäßig steil bis steil.
Abfahrt Von den Gipfelscharten nach Osten durch eindrucksvolle Kare hinab bis ca. 1700 m Höhe. (Taufersbergalpe) Hier nach links queren - ab dem Guggersee wieder fallend - über den Scheidbühel (Punkt 1511 m) in Richtung der Jagdhütte 1401 m und durch Waldschneisen hinab ins Stillachtal. Für den unteren Teil dieser Abfahrt ist eine hohe Schneelage angenehm.

3.7.3 Abfahrt ins Rappenalptal
Schwierigkeit 2-3
Charakter Südostseitig mäßig bis sehr steil, danach langes Tal.
Abfahrt Die direkte Abfahrt ins Rappenalptal übers Vorderberghöfle zur Breitengehrenalpe ist von oben kaum zu finden und empfiehlt sich dem Ortsunkundigen nur, wenn er zuvor über diese Route auch aufgestiegen ist, was allerdings mit einem langen Talhatscher verbunden ist.

3.8 Zustiege zur Mindelheimer Hütte 2013 m

Die herrlich gelegene Mindelheimer Hütte bietet sich mit Ihrem Winterraum zur Übernachtung an und ermöglicht somit mehrtägige Unternehmungen in den Schafalpen. Alles Zustiege sind mit dem Schwierigkeitsstufe 3 zu bewerten.

3.8.1 aus dem Wildental
Sehr gut mit der Besteigung des Liechelkopfes zu verbinden.

Schwierigkeit 3
Höhenunterschied ca. 1100 m.
Ausgangspunkt Mittelberg/Schwendle (siehe 3.2)
Charakter alle Expositionen, bis sehr steil, dazwischen auch Flachstücke.
Aufstieg Auf Route 3.2 bis in die Scharte zwischen Liechel- und Angererkopf. Jenseits etwa 100 Höhenmeter Abfahrt und links unter den Südostwänden des Angererkopfes hindurchqueren zur Hütte.

3.8.2. Aus dem Gemsteltal
Sehr gut mit der Besteigung des Geißhorns zu verbinden.

Schwierigkeit 3
Höhenunterschied ca. 1100 m.
Ausgangspunkt Mittelberg/Bödmen
Charakter Alle Expositionen, bis sehr steil, lange Querungen.
Aufstieg Der Route 3.1 aufs Geißhorn bis etwa 2200 folgen. Dann ostseitig unter Geißhorn, Liechelkopf und Angererkopf zur Hütte queren.

3. Schafalpen

3.8.3 vom Fiderepaß

Der Zugang vom Fiderepaß besteht meist aus sehr langen Querungen, ist landschaftlich außerordentlich schön aber abfahrtstechnisch wenig lohnend. Er ist jedoch sehr empfehlenswert, wenn beim Hüttenaufstieg die am Rand liegenden Gipfel bestiegen werden sollen.

Schwierigkeit 3, KL
Höhenunterschied Ab Fiderepaß Minimun 400 m.
Charakter Nordwest-, nord-, ost- bis südostseitig, beim Zustieg zum Fiderepaß auch andere Expositionen bis sehr steil, lange Querungen.
Aufstieg Von Fiderepaß über eine steile Schneerampe empor zur Fiderescharte 2244 m im Nordostgrat des Nordöstlichen Schafalpkopfes 2320 m und den scharfen Felsgrat nach Südosten zu Fuß oftmals heikel überschreiten. Jenseits Abfahrt im optimalen Skigelände durchs Saubuckelkar Richtung Taufersbergalpe bis ca. 1800 m. Nun leicht steigend unter den drei Schafalpköpfen zur Hütte queren.

3.9 Nordöstlicher Schafalpkopf

Die Ersteigung des Nordöstlichen Schafalpkopfes über den Mindelheimer Klettersteig ist ein besonderes Erlebnis für den erfahrenen Winterbergsteiger. Trotz der durchgehenden Versicherungen mit Drahtseilen und Eisenklammern ist bei winterlichen Verhältnissen Selbstsicherung mit einem Klettersteigset oder gar das Klettern in einer Seilschaft erforderlich. Da es sich jedoch nur um 100 Höhenmeter im schwierigen Gelände handelt, dauert die Tour trotzdem nicht zu lange. Wegen der schönen Skiabfahrt vom Gipfel nach Süden lohnt es sich unbedingt die Ski mit hinaufzutragen.

Schwierigkeit 3, KL
Höhenunterschied ca. 300 vom Fiderepaß.
Ausgangspunkt Oberstdorf/Talstation der Fellhornbahn oder Mittelberg/Schwendle.
Charakter Nordwest bis nordostseitig, sehr steil + Klettersteig.
Im Zustieg zum Fiderepaß auch andere Expositonen.
Aufstieg Zum Fiderepaß (siehe unter 3.6) und über eine steile Schneerampe empor zur Fiderescharte 2244 m im Nordostgrat des Nordöstl. Schafalpkopfes 2320 m. Hier werden dann die Ski am Rucksack verstaut. Nun über den scharfen Felsgrat den Seilsicherungen nach zur düsteren Gipfelwand. Stets den Drahtseilen und Eisenklammern folgend durch die steile Wand empor zum Grat, wobei die letzten Meter, wenn sie überwächtet sind und so die Sicherungen unterm Schnee verborgen sind, recht heikel sein können. Von Grat unschwierig nach links zum Gipfel.

Abfahrt 3.9.1 nach Süden

Schwierigkeit 3
Charakter Süd-, südost-, ost- und nordostseitig bis sehr steil + Querungen.

Abfahrt	Unmittelbar bevor man auf Route 3.9 den Gipfel erreicht, zieht eine Steilrinne nach Süden hinab in die „Große Wanne" Durch diese Rinne hinab und durch die Große Wanne hinab bis ca. 1800 m. Wer nicht weiter zur Mindelheimer Hütte möchte, wählt für die weitere Abfahrt am besten Route 3.7.2 oder 3.7.3.

3. 10 Mittlerer Schafalpkopf 2302 m von Osten

Wer auf Route 3.8.3 zur Mindelheimer Hütte unterwegs ist bietet sich dieser Gipfel als netter Abstecher an. Als eigenständige Tagestour ist er wegen des komplizierten Zustieges weniger lohnend.

Schwierigkeit	3
Höhenunterschied	ca. 500 von Route 3.8.3 (Querung zur Mindelheimer Hütte).
Charakter	Südost-, ost-, und nordostseitig bis sehr steil im Zustieg zu Route 3.8.3 auch andere Expositionen.
Aufstieg	Man verläßt Route 3.8.3 und steigt durch die Große Wanne bis ca. 2100 m auf.
	Hier scharf nach links durch sehr steile nordseitige Mulden zur Südostschulter und überdas Gipfeldach westlich zum gezackten Gipfelgrat.
Abfahrt	wie Aufstieg.

Schafalpen

3.11 Kuhgehrenspitze 1910 m

Die Kuhgehrenspitze ist ein unbedeutender Vorgipfel des Schüssers (Hammerspitze). Die Abfahrt über Ihre Westhänge nach Hirschegg/Innernebenwasser läßt jedoch keine Wünsche offen und ist am schönsten bei frischem Pulverschnee. Die Lawinengefahr läßt sich bei vernünftiger Spuranlage auf ein Minimum reduzieren.

Schwierigkeit	1
Höhenunterschied	ca. 850 m.
Ausgangspunkt	Hirschegg
Charkter	Westseitig, meist mäßig steil kurze stellen steil.
Zufahrt	Die B 201 durchs Kleine Walsertal nach der Kirche von Hirschegg nach rechts verlassen und ein Sträßchen hinab zur Breitachbrücke. Wenig Parkmöglichkeit. Deshalb am besten die Parkplätze in der nähe der Kirche benutzen.
Aufstieg	Über die Breitach nach Innernebwasser und über freie Westhänge die von kurzen Waldstufen unterbrochen sind an der Brand- und Außerkuhgehrenalpe vorbei zum Gipfel. Abfahrt Wie Aufstieg. Die Kuhgehrenspitze läßt sich zwar auch mit nur ca. 150 Höhenmeter Aufstieg aus dem Skigebiet Fellhorn/Kanzelwand vom Zwerenalplift über einen steilen Osthang erreichen. Doch ist, wenn dieser häufig lawinengefährdete Osthang!! endlich begehbar ist, die Westflanke meist schon völlig verspurt.
Abfahrt	wie Aufstieg

Schafalpen

3.12 Söllerköpfe 1925 m und 1940 m

Die Söllerköpfe sind die letzten markanten Erhebungen in dem vom Fellhorn nordwärts zum Söllereck ziehenden Grat. Die Tour kann sowohl als richtige Skitour ausgeführt werden, als auch als sehr schwierige Variantenabfahrt vom Fellhorn aus. Auf jeden Fall fordern die sehr steilen Nordosthänge sowohl den sicheren Skifahrer als auch sichere Verhältnisse.

Schwierigkeit 3
Ausgangspunkt Oberstdorf/Talstation der Fellhornbahn.
Charakter Nordostseitig, über längere Strecken sehr steil, kurzeitig auch extrem steil.

3.12.1 Aufstieg vom Fellhorn

Höhenunterschied ca 100 m (Tourenski nicht zwingend nötig).
Ausgangspunkt Oberstdorf/Talstation der Fellhornbahn.
Aufstieg Von der Gipfelstation der Fellhornbahn stets dem meist stark überwächteten Grat folgend bis in den Sattel zwischen Punkt 1925 und 1940 m. Dabei wird das Fellhorn 2038 m und der Schlappoldkopf 1968 m überschritten.
Abfahrt Aus dem Sattel sehr steil nach Nordosten hinab bis ca. 1500 m. Weiter genau in Ostrichtung haltend immer noch steil hinab nach „Ringang".

3.12.2 Aufstieg aus dem Stillachtal

Höhenunterschied ca 1150 m.
Ausgangspunkt Oberstdorf Parkplatz Skiflugschanze oder Parkplatz Stundenstein (kostenlos).
Aufstieg Von der Skiflugschanze weiter auf einem Sträßchen über „Schwand" nach „Ringang". Nun über meist freie Steilhänge stets rechts unter dem Ostgrat der Söllerköpfe empor Richtung Sölleralpe und steil weiter empor zum Grat. Über den meist stark überwächteten Grat nach links empor in den bei 3.12.1 erwähnten Sattel.
Abfahrt Wie bei 3.12.1.

Tourengebiet 4: Allgäuer Hauptkamm

Dieser mächtige vom Biberkopf bis zum Mädelejoch bei der Kemptner Hütte ziehende Bergkamm bietet eine Reihe hochalpiner, anspruchsvoller und landschaftlich außerordentlich eindrucksvoller Touren. Die meist steilen, oft felsigen Gipfelaufstiege, die von tiefeingerissenen Tobeln zerfurchten Flanken und die langen Zustieg machen dieses Tourengebiet zu einem der anspruchsvollsten in den gesamten Alpen. Alle Touren kann man nur bei sicheren Lawinenverhältnissen (Stufe 1) und stabilem Schönwetter mit kalten Nächten verantworten. Dies betrifft in besonderem Maße auch die Hüttenanstiege von Norden. Aus diesem Grund werden in diesem Kapitel auch kurz die wesentlich einfacheren Zustiege zu den Hütten von Süden, aus dem Tiroler Lechtal beschrieben.

Weitere Details zu den Touren vom Lechtal aus zum Allgäuer Hauptkamm sind im ebenfalls beim Panico Alpinverlag erschienenen Führer Skitouren und Skibergsteigen Lechtal von Dieter Elsner und Michael Seifert beschrieben. Wer genußvolle Skitouren mit makellosen Abfahrten sucht, ist in diesem Tourengebiet fehl am Platz. Der erfahrene Alpinist, der ein Erlebnis im einsamen und wilden Hochgebirge sucht, findet hier aber ein reiches Betätigungsfeld. Im Frühjahr lassen sich die Zustiege zu Linkers- Bockkar- und Wildengundkopf sehr gut mit dem Mountainbike verkürzen.

Zufahrten Von Sonthofen auf der B19 an Oberstdorf vorbei und über die „Westumgehung"der Beschilderung zur Fellhornbahn folgend bis zu den gebührenpflichtigen Parkplätzen an deren Talstation. Vier Kilometer vor der Fellhornbahn befindet sich der Parkplatz „Renksteg" der Ausgangspunkt für die Touren aus dem Spielmannsautal ist. Gebührenfrei parkt man zwischen Renksteg und Fellhornbahn noch vor dem Lawinentunnel am sogenannten „Stundenstein", was aber nur sinnvoll ist, wenn man das Mountainbike einsetzen will.

Per Bus (ab 9:30 Uhr alle 60 Min ab Oberstdorf) geht es noch zwei Kilometer weiter an der Fellhornbahn vorbei bis Birgsau.

Karten Allgäuer Alpen UK L 8 von Bayerischen Landesvermessungsamt 1:50000,(alle Höhenangaben und Ortsbezeichnungen nach dieser Karte,) Alpenvereinskarte Allgäuer/ Lechtaler Alpen Westblatt. Nr. 2/2.

Übernachtung Rappensee- und Kemptner Hütte (beide DAV Sektion Kempten) und das Waltenberger Haus (Sektion Allgäu-Immenstadt) sind im Winter nicht bewirtschaftet, jedoch steht jeweils ein offener Winterraum zur Verfügung.

4. Allgäuer Hauptkamm

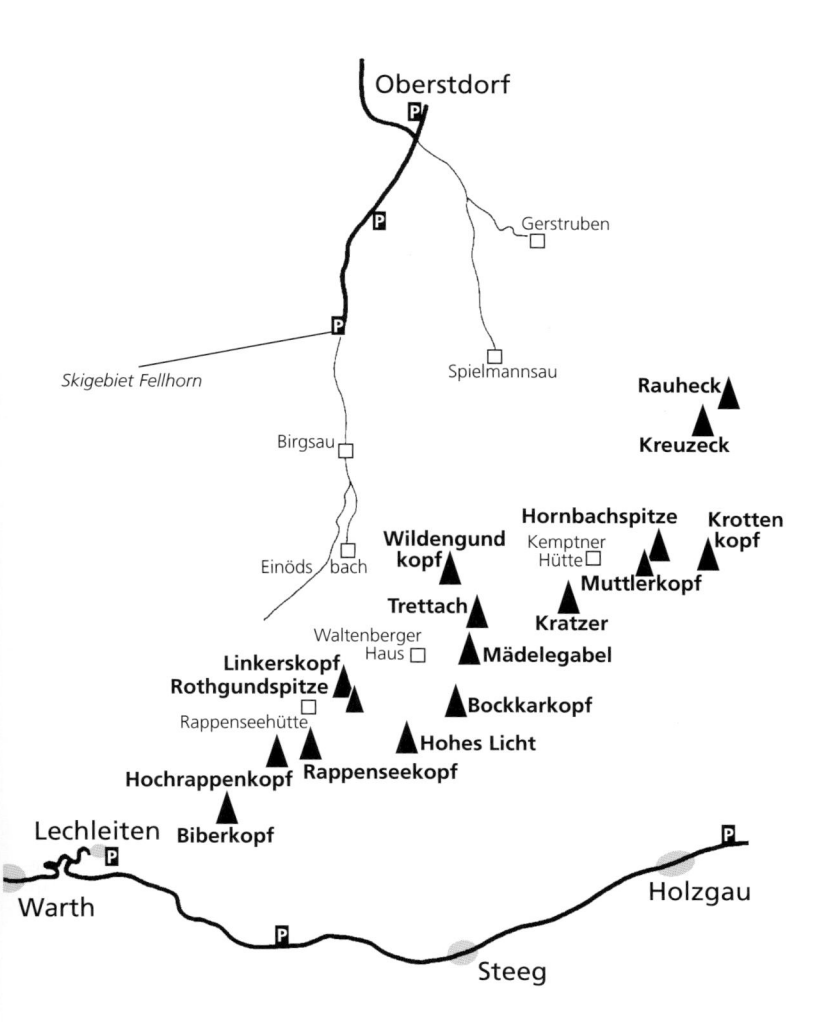

4. Allgäuer Hauptkamm

4.1 Zustiege zur Rappenseehütte 2091 m

Die schön gelegene Rappenseehütte (DAV Sektion Kempten) bietet dem Tourengeher einen vorbildlich ausgestatteten und ständig offenen Winterraum in einem separatem Nebengebäude. Da die Touren um die Hütte und besonders der Heilbronner Weg meist als Zwei- und Mehrtagestouren begangen werden, sollen zunächst die Hüttenzustiege beschrieben werden.

4.1.1 Von Norden durchs Rappenalptal

Dieser Hüttenanstieg bietet sich all jenen an, die von der Rappenseehütte den Heilbronner Weg begehen wollen und über die Kemptner Hütte oder die Trettachrinne nach Oberstdorf zurückkehren wollen. Wegen des langen Talhatschers für die Abfahrt weniger lohnend.

Schwierigkeit 3
Höhenunterschied ca. 1300 m.
Ausgangspunkt Oberstdorf/Talstation der Fellhornbahn
Charakter Sehr langes Tal, dann westseitig meist mäßig steil, eine Stelle sehr steil.
Aufstieg Vom Parkplatz der Fellhornbahn bzw. von der Birgsau zuerst auf der Langlaufloipe, später auf einem im Winter nicht geräumten Sträßchen ca. 8 km das Rappenalptal hinein bis zur „Schwarzen Hütte". Nun links auf einem steilem z. T. bewaldeteten Rücken empor bis in den Sattel zwischen P. 1787 m und dem Mußkopf P. 1968 m. Hier quert man den Steilhang unterm Mußkopf rechtshaltend in Richtung See Hütte und erreicht damit mäßig steile, weitläufige Hänge die hinauf zur Hütte leiten.

4.1.2 Von Süden aus dem Lechtal

Dieser Hüttenanstieg ist mit Abstand der leichteste und kürzeste. Wegen des hier vorkommenden Steinwildes wird dieser Aufstieg von der Jägerschaft jedoch nicht so gerne gesehen, die Begehung ist jedoch legal. Deshalb besonders dringlich die Bitte um rücksichtsvolles Verhalten, um zukünftige Sperrungen zu vermeiden.

Schwierigkeit 2
Höhenunterschied ca. 1000 m.
Ausgangspunkt Auf der Lechtalstraße von Steeg Richtung Warth bis bei der Unteren Hochalphütte 1235 m die alte Straße abzweigt.
Charakter Südseitig, kurze westseitige Abfahrt meist mäßig steil
Aufstieg Von der unteren Hochalphütte stets der Route des in der BLV Karte eingezeichneten Sommerweges folgende das Hochalptal hinauf bis zur Großen Steinscharte 2262 m Jenseits kurze Abfahrt nach Nordwesten zu der von der Scharte gut sichtbaren Hütte.

4. Allgäuer Hauptkamm

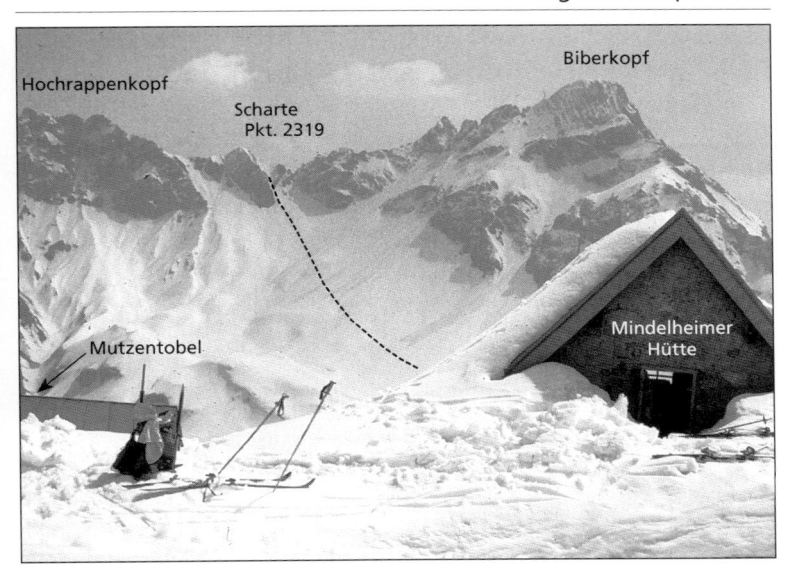

(Bildbeschriftungen: Hochrappenkopf, Scharte Pkt. 2319, Biberkopf, Mutzentobel, Mindelheimer Hütte)

4.1.3 Von Westen von Lechleiten

Wer es sich einrichten kann, wähle diesen Anstieg. Er ist frei von langen Talhatschern und Problemen mit Jägern und schenkt während dem Hüttenaufstieg schon einen Gipfelsieg, nämlich den 2425 m hohen Hochrappenkopf.

Schwierigkeit 3
Höhenunterschied ca. 900 m.
Ausgangspunkt Lechleiten 1539 m. Zu erreichen auf der Lechtalstraße wenige Kilometer vor Warth rechts abbiegen der Beschilderung nach hinauf nach Lechleiten.
Charakter Alle Expositionen, bis sehr steil mit kurzer Abfahrt.
Aufstieg Von Lechleiten zum Holzgauer Haus und über mäßig steiles Gelände an der Lechleitner Alpe vorbei zur „Schloßwand", einer kleinen Felswand in der Nordwestflanke des Biberkopfes. Nun wird die gesamte steile Nordwestflanke des Biberkopfes steil bis sehr steil ansteigend gequert bis die Scharte P. 2319 zwischen Biber und Hochrappenkopf erreicht ist. Nach kurzem Abstieg über das wellige Gipfeldach empor zum Hochrappenkopf.
Vom direkten Hüttenanstieg wird wegen der heiklen Querung des Mutzentobels dringend abgeraten.
Abfahrt Zuerst südöstlich in die Scharte zwischen Hochrappen und Rappenseekopf und über gestufte Nordhänge hinab zum Rappensee und wieder leicht ansteigend zur Hütte.

4.2 Hochrappenkopf 2425 m, Rappenseekopf 2469 m, Rothgundspitze 2485 m und Hohes Licht 2651 m

Alle diese Touren sind von der Rappenseehütte kurze rassige Spritztouren, die sich teilweise auch mit den Hüttenanstiegen verbinden lassen.

Ausgangspunkt Oberstdorf/Talstation der Fellhornbahn, Lechtalstraße oder Lechleiten (siehe 4.1.1 - 4.1.3).

4.2.1 Zu Hochrappenkopf und Rappenseekopf

Schwierigkeit 2 (ab Rappenseehütte)
Höhenunterschied Jeweils ca. 400 m von der Rappenseehütte.
Charakter Nordseitig Gipfelanstieg ost, bzw. westseitig flach bis steil.
Aufstieg Von der Hütte hinab zum See und über gestufte Nordhänge empor in die Scharte zwischen beiden Gipfeln. Beliebig nach rechts zum Hochrappenkopf oder nach links über einen steilen häufig freigewehten Westrücken zum Rappenseekopf.
Abfahrt Wie Aufstieg.

4.2.2 Zur Rothgundspitze

Schwierigkeit 2 von der Rappenseehütte.
Höhenunterschied ca. 400 m. von der Rappenseehütte.
Charakter West- bis südostseitg, flach bis kurzzeitig sehr steil.
Aufstieg Von der Rappenseehütte mäßig steil in die Große Steinscharte und über einen Südhang empor zu Punkt 2350 im Ostgrat der Rothgundspitze. Nun dem Grat folgend zum Schluß zu Fuß hinauf zum Gipfel.
Abfahrt Wie Aufstieg.

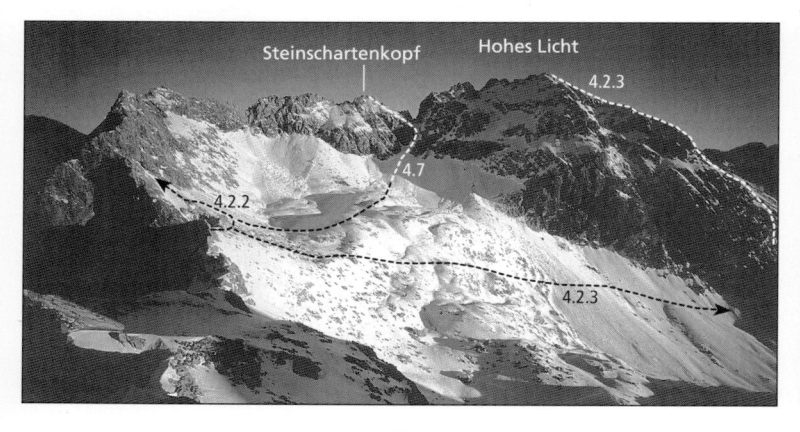

4. Allgäuer Hauptkamm

4.2.3 Zum Hohen Licht
Schwierigkeit 3
Höhenunterschied ca 750 von der Rappenseehütte.
Charakter West-, nordwest- bis nordseitig bis flach bis sehr steil.
Aufstieg Von der Rappenseehütte mäßig steil in die Große Steinscharte. Jenseits durch das Wieslekar hinab bis man auf ca. 2100 m zum Südwestrücken des Hohen Lichts queren kann. Über den z. T. sehr steilen Rücken bei günstigen Verhältnissen mit Ski (nur für sehr gute Skifahrer) bis zum Gipfel.
Abfahrt Wie Aufstieg oder aus dem Wieslekar auf Route 4.1.2 ins Lechtal.

4.3 Hüttenaufstiege zur Kemptner Hütte 1844 m

Die Kemptner Hütte ist im Sommer wohl die meistbesuchteste DAV Hütte überhaupt. Im Winter herrscht hier dagegen angenehme Ruhe. Mit gutem Grund, denn die Hüttenaufstiege sind dem wirklich erfahrenen Skitourengänger vorbehalten. Wer sich auf der Kemptner Hütte von schlechtem Wetter mit Neuschneefällen erwischen läßt, der kann sich auf ein paar Tage Zwangsurlaub im gut eingerichteten, ständig offenen Winterraum einstellen. Dennoch: Ist man erst einmal bis zur Hütte vorgedrungen, bieten sich traumhafte Möglichkeiten für zwei bis drei Tage, die den Hüttenaufstieg allemal lohnen.

4.3.1 Aufstieg von Norden aus der Spielmannsau
Schwierigkeit 3
Höhenunterschied ca. 1000 m.
Ausgangspunkt Parkplatz Renksteg 824 m an der Westumgehung von Oberstdorf an der Straße zur Fellhornbahn.
Charakter Langer Anstieg meist durch ein schluchtartiges Tal, alle Expositionen bis sehr steil.
Aufstieg Vom Parkplatz auf einem für Kfz. gesperrten, auch im Winter geräumten Sträßchen 5 km taleinwärts bis in die Spielmannsau. (Die Verwendung des Mountainbikes ist nur sinnvoll für jene, die über diese Route oder durch die Trettachrinne Tour 4.6.1 wieder abfahren). Weiter an der Oberau vorbei zur Talstation der Materialbahn zur Kemptner Hütte.
Nun dem Sommerweg folgend (dabei sind z. T. recht heikel mehrere Tobel zu queren) bis zur Einmündung des Sperrbachs in die Trettach. Hier steigt man etwa 100 Höhenmeter in der Nordflanke von Punkt 1910 m (Mädelekopf) empor, um dann nach links in den Sperrbachtobel zu queren. Dieser ist im Winter meist von riesigen Lawinenkegeln verschüttet, was seine Begehung oft sehr problematisch macht. Je nach Verhältnissen im Tobelgrund oder an seinem linkem Rand empor, bis man nach rechts über mäßig steiles Gelände zur Hütte aufsteigen kann.

4. Allgäuer Hauptkamm

Nochmals: Dieser Aufstieg hat mit einer gewöhnlichen Skitour nichts zu tun und empfiehlt sich nur für jene, die über die Trettachrinne wieder in die Spielmannsau zurückkehren wollen, oder für`s späte Frühjahr, wenn die Südwestflanke des Fürschießers bereits schneefrei ist. Der Sperrbachtobel ist auf seiner Gesamtlänge extrem lawinengefährdet und sollte niemals nach Neuschneefällen oder nach frostfreien Nächten begangen werden!

4.3.2 Aufstieg von Süden, von Holzgau im Lechtal

Dieser Aufstieg ist wesentlich leichter als jener von Norden und somit der einzig wirklich empfehlenswerte.

Schwierigkeit 2-3
Höhenunterschied ca. 950 m.
Ausgangspunkt Holzgau im Lechtal
Charakter Talanstieg, dann meist südseitig mäßig steil bis steil, kurze nordseitge Abfahrt.
Aufstieg Von der Kirche in Holzgau durchs Höhenbachtal stets dem Sommerweg folgend durchs Höhenbachtal an den Roßgumpenalpen vorbei zum Mädelejoch 1973 m und jenseits unschwierig hinab zur gut sichtbaren Hütte.

4.4 Muttlerkopf 2368 m, Hornbachspitze 2533 m und Großer Krottenkopf 2656 m

Der Muttlerkopf ist der Hausberg der Kemptner Hütte, dem man es von der Hütte aus kaum ansieht, daß man ihm von Süden auch mit Ski auf`s Dach steigen kann. Die Hornbachspitze liegt direkt nördlich vom Großen Krottenkopf und ist in der Karte Allgäuer Alpen vom Bayerischen Landesvermessungsamt nicht bezeichnet. Der Große Krottenkopf ist der höchste Gipfel der Allgäuer Alpen und darf natürlich in einem Allgäu-Skiführer nicht fehlen, obwohl er meist vom Lechtal aus bestiegen wird. Alle diese Gipfel bieten von der Kemptner Hütte aus äußerst lohnende und nicht zu lange Skitouren, die jedoch ausnahmslos dem sehr sicherem Skifahrer vorbehalten bleiben.

Schwierigkeit 3
Ausgangspunkt Oberstdorf/Renksteg oder Holzgau im Lechtal.
Aufstieg Von der Kemptner Hütte südöstlich zum Oberen Mädelejoch westlich unterm Muttlerkopf ca. 2020 m. Von dort:

4.4.1 Zum Muttlerkopf 2368 m

Höhenunterschied ca. 520 m von der Kemptner Hütte
Charakter Nord-, west- und südseitig bis sehr steil.
Aufstieg Von der Kemptner Hütte nach Südosten zum Oberen Mädelejoch westlich unterm Muttlerkopf ca. 2020 m. Von dort zunächst noch etwa 150 Höhenmeter ins Öfnerkar aufsteigen, dann über einen steilen Südhang direkt hinauf zum Gipfel.
Abfahrt Wie Aufstieg.

4. Allgäuer Hauptkamm

4.4.2 Zur Hornbachspitze 2533 m

Höhenunterschied ca. 700 m von der Kemptner Hütte.
Charakter Nord-, west-, und südwestseitig bis sehr steil.
Aufstieg Von der Kemptner Hütte nach Südosten zum Oberen Mädelejoch westlich unterm Muttlerkopf ca. 2020 m. Nun links aufwärts und das gesamt Öfnerkar im großem Rechtsbogen queren und schließlich über einen zum Schluß etwas steilen Westhang zu dem zwischen Großen Krottenkopf und Öfnerspitze gelegenen Gipfel.
Abfahrt Wie Aufstieg.

4.4.3 Zum Großen Krottenkopf, 2656 m

Höhenunterschied ca. 900 m von der Kemptner Hütte.
Charakter Nord-, west- und südseitig mit Gegenanstieg meist steil, am Gipfelhang kurzeitig bis extrem steil.
Aufstieg Von der Kemptner Hütte nach Südosten zum Oberen Mädelejoch westlich unterm Muttlerkopf ca. 2020 m. Von dort zunächst mit etwas Höhenverlust das Öfnerkar queren bis in Fallinie der Krottenkopfscharte. Über schöne Westhänge in diese hinauf. Hier oftmals Skidepot. Bei günstigen können die Ski bis zum Gipfel mitgenommen werden, wobei zu beachten ist daß ein Sturz in der sehr steilen Gipfelflanke bei hartem Schnee kaum mehr abgefangen werden kann.
Abfahrt Wie Aufstieg.

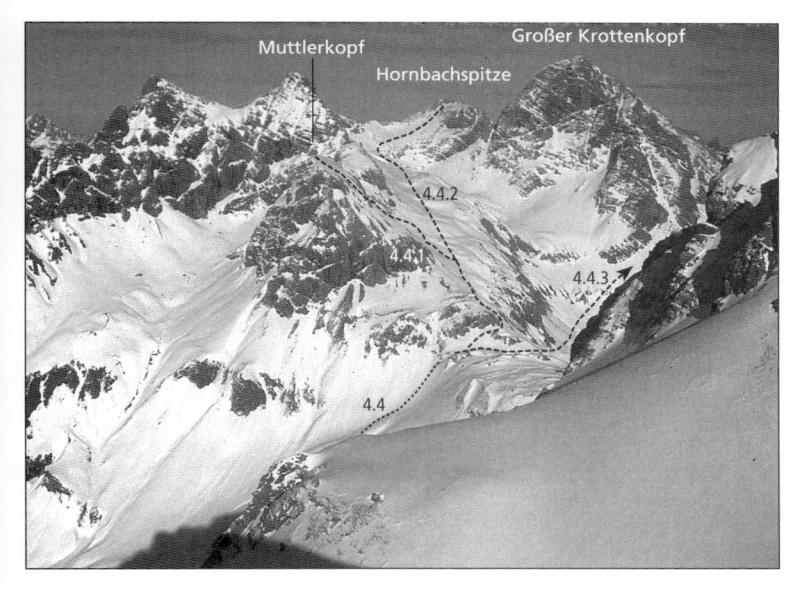

4. Allgäuer Hauptkamm

4.5 Kratzer 2428 m

Der Kratzer ist ein zerscharteter Zackengrat, der die schönsten Skihänge im Gebiet der Kemptner Hütte überragt. Das unter dem Gipfelgrat nach Norden hinabziehende Kratzerfeld ist im späten Frühjahr ein beliebter Klassiker, auf dem auch das traditionelle Kratzerskirennen stattfindet.

Schwierigkeit 2-3 ab der Kemptner Hütte.
Höhenunterschied ca. 620 m von der Kemptner Hütte.
Ausgangspunkt Oberstdorf/Parkplatz Renksteg oder Holzgau im Lechtal.
Charakter Nord-, ost- und südseitig, flach bis kurzzeitig sehr steil.
Aufstieg Von der Kemptner Hütte nach Süden ins Mädelejoch 1971 m und rechtshaltend auf der Südseite des Grates empor bis unter dem Gipfel, der sich am Westende des Zackengrates befindet. Nun über steile Südhänge zum Schluß durch eine Rinne empor in die Scharte zwischen den beiden westlichsten Gratzacken (hier spätestens Skidepot und nach links über leichte Schrofen rasch zum Gipfel.
Abfahrt Wie Aufstieg oder

4.5.1 über das Kratzerfeld nach Norden
Schwierigkeit 2-3
Charakter Meist nordseitig steil bis sehr steil.
Aufstieg Vom Gipfelgrat durch die Rinne nach Süden bis man westlich unterm Gipfelblock hindurchqueren kann um somit die Nordseite des Berges zu erreichen. Nun über das gleichmäßig ca. 30 Grad geneigte 500 m hohe Kratzerfeld hinab. Dabei zielt man am besten die Bergstation der Materialbahn der Kemptner Hütte an. Von hier flach nach Osten zur Kemptner Hütte.

4.6 Mädelegabel 2645 m

Die Mädelegabel - im Sommer von Tausenden bestiegen - verfällt im Winter in einen regelrechten Dornröschenschlaf, obwohl ihre Abfahrten zum Eindrucksvollsten zählen, was die Allgäuer Alpen zu bieten haben. Bevor man in die Trettachrinne einfährt, begutachte man vom Gipfel aus, ob die Verhältnisse eine Abfahrt wirklich zulassen.

Schwierigkeit 2 (ab der Kemptner Hütte).
Höhenunterschied ca. 850 von der Kemptner Hütte.
Ausgangspunkt Oberstdorf/Parkplatz Renksteg oder Holzgau im Lechtal
Charakter Nord-, süd -und ostseitig meist mäßig steil, Gipfelgrat zu Fuß sehr steil.
Aufstieg Von der Kemptner Hütte südlich ins Mädelejoch 1971m und auf der Südseite des Kratzers hindurchqueren ins Kratzerjoch 2203 m. Weiter stets knapp südlich des Grates bis zum Skidepot am Beginn des steilen Südostgrates der Mädelegabel ca. 2500 m. Von hier zu Fuß über den steilen aber meist unschwierigen Grat empor zum Gipfel.
Abfahrt Wie Aufstieg oder

4. Allgäuer Hauptkamm

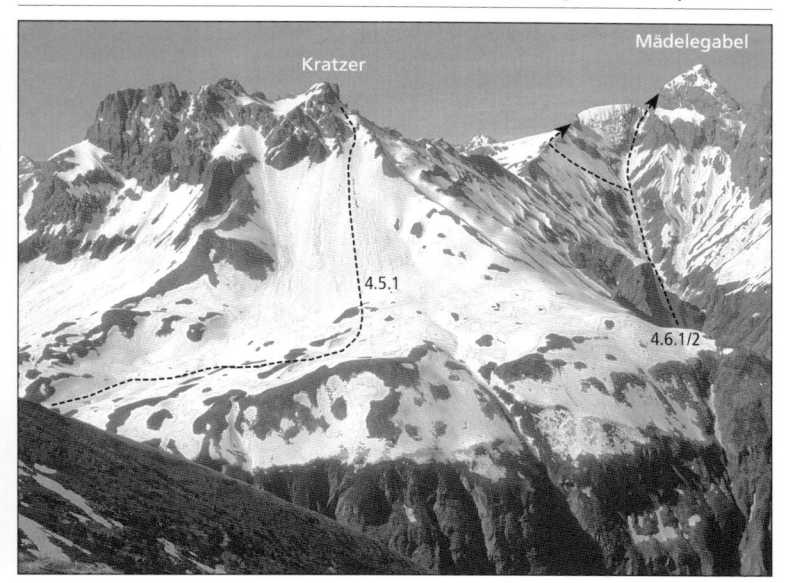

4.6.1 Nach Norden durch die Trettachrinne
Schwierigkeit 4
Charakter Nordseitig, auf längeren Strecken sehr bis extrem steil.
Abfahrt Vom der kleinen Scharte am Beginn des Südostgrates direkt durch anfangs ca. 40° geneigte Rinne hinab, die sich bald verengt und bis knapp 50° steil wird. Nach etwa 150 Höhenmeter verflacht sich die Rinne und wird deutlich breiter. Stets in ihren Grund hinab bis auf ca. 1400. Hier verläßt man die Rinne indem man nach rechts leicht ansteigend einen steilen Grashang quert, um so in den untersten Teil des Sperrbachtobels zu gelangen. Nun entlang des Sommerwegs hinaus in die Spielmannsau. Nur bei extrem hoher Schneelage kann man weite bis zur Talstation der Materialbahn der Kemptner Hütte im Grund der Rinne abfahren. Vorsicht! Einsturzgefahr auf den vom Wasser unterspülten Lawinenkegeln. Der oberste steilste und engste Teil der Trettachrinne kann auch vermieden werden, indem man den von der Mädelegabel zum Kratzerjoch ziehenden Grat auf etwa 2300 m Höhe verläßt um linkshaltend in die Trettachrinne zu queren. Auf keinen Fall zu tief queren!
Zwingen die Verhältnisse dazu Passagen dieser Abfahrt zu Fuß zurückzulegen, sind dafür meist Steigeisen und Pickel notwendig!

4. Allgäuer Hauptkamm

4.6.2 Aufstieg von Norden durch die Trettachrinne

Schwierigkeit	4
Höhenunterschied	ca. 1850 m ab Parkplatz Renksteg.
Ausgangspunkt	Parkplatz Renksteg 824 m an der Westumgehung von Oberstdorf an der Straße zur Fellhornbahn.
Charakter	Sehr langer Talanstieg (Mountainbike sehr empfehlenswert) dann nordseitig, auf längeren Strecken sehr bis extrem steil.
	Der Aufstieg zur Mädelegabe durch die Trettachrinne wird üblicher weise im Frühjahr durchgeführt. Die Tour ist reich an objektiven Gefahren (Steinschlag, Schneerutsche und Lawinen aus den Ostwänden von Trettachspitze und Mädelegabel) und sollte nur nach länger Schön-wetterperiode nach klarer, kalter Nacht begangen werden. Sehr früher Aufbruch ratsam. Man bedenke, daß man sich im Aufstieg natürlich ungleich länger unter den Lawinengefährlichen Ostwänden befindet als bei der Abfahrt. Im oberen Teil der Rinne muß zu Fuß aufgestiegen werden. Steigeisen und Pickel nicht vergessen!
Aufstieg	Vom Parkplatz auf einem für KFZ gesperrten auch im Winter geräumten Sträßchen 5 KM taleinwärts bis in die Spielmannsau. Weiter an der Oberau vorbei zur Talstation der Materialbahn zur Kemptner Hütte. Nun dem Sommerweg folgend (dabei sind z. T. recht heikel mehrere Tobel zu queren) bis zur Einmündung des Sperrbachs in die Trettach. Hier steigt man etwa 100 Höhenmeter in der Nordflanke von Punkt 1910 m (Mädelekopf) empor um dann in ca 1400 m Höhe leicht fallend über steile Grashänge nach rechts in die Trettachrinne zu queren. Nun stets im Grund der oben bis zu 50 Grad steilen Rinne empor bis in die ca. 2500 m hoch gelegene Scharte am Beginn des Südostgrates der Mädelegabel. Von hier zu Fuß über den steilen aber meist unschwierigen Grat empor zum Gipfel.

4.7 Heilbronner Weg von der Rappenseehütte zur Kemptner Hütte

Der Heilbronner Weg - im Sommer täglich von bis 500 Bergwanderern bevölkert - ist im Winter ein einsames wildes Bergrevier und stellt eine großartige Überschreitung des Allgäuer Hauptkamms für all jene dar, bei denen der Abfahrtgenuß nicht an erster Stelle steht. Das klettersteigähnliche Mittelstück von der Kleinen Steinscharte über Steinschartenkopf, Wilder Mann und Bockkarkopf kann dabei südöstlich unter der Grathöhe umgangen werden. Die am Wege liegenden Gipfel wie Rothgundspitze, Steinschartenkopf, Bockkarkopf, Mädelegabel und Kratzer können ohne großen Mehraufwand mitgenommen werden. Natürlich kann der Heilbronner Weg auch mit der Trettachrinne oder dem Kratzerfeld kombiniert werden.

4. Allgäuer Hauptkamm

Hohes Licht — Steinschartenkopf

Ansicht von Osten

Schwierigkeit 3
Höhenunterschied minimal 600 m ab Rappenseehütte.
Ausgangspunkt Ausgangspunkt: Oberstdorf/Talstation der Fellhornbahn oder Lechtal. Siehe 4.1.1 bis 4.1.3
Charakter Alle Expositionen, kurze Stellen bis extrem steil, meist nur mäßig steil lange Querungen und Gegenanstiege
Die Route Von der Rappenseehütte in die große Steinscharte und weiter durch eine zum Schluß sehr steile bis extrem steile nordwestseitige Schneerinne in die Kleine Steinscharte zwischen Hohem Licht und Steinschartenkopf/Wilder Mann. Jenseits fährt man über schöne Osthänge beliebig tief (jedoch mindestens 200 Höhenmeter) um dann über welliges, wechselhaftes steiles, zum Teil auch felsdurchsetztes Gelände (Kartenstudium!) auf der Südseite von Bockkarkopf, Mädelegabel und Kratzer bis zum Mädelejoch 1973 m zu queren.

Meist ist es jedoch besser von der Kl. Steinscharte auf dem stark „eisenhaltigen" Heilbronner Weg zu Fuß bis zum Steinschartkopf aufzusteigen und erst von diesem nach Osten durch das „Socktal" nach Osten abzufahren. Anschließend quert man wie oben beschrieben auf der Südseite von Bockkarkopf, Mädelegabel und Kratzer zum Mädelejoch. 1973 m. Nun folgt eine kurze Abfahrt nach Norden zur Kemptner Hütte, oder man fährt nach Süden durchs Höhenbachtal hinab nach Holzgau im Lechtal.

4. Allgäuer Hauptkamm

4.8 Linkerskopf 2459 m

Dem Allgäuer Hauptkamm etwas vorgelagert erscheint der Linkerskopf im Winter als ein bereits vom Flachland aus sichtbares steiles Schneedreieck. Seine Besteigung zählt neben dem Elferkopf zu den schwierigsten Touren dieses Führers und ist auch nicht jedes Jahr möglich. Es lohnt sich aber auch jeden Fall auf geeignete Verhältnisse zu warten, den die Tour zum Linkerskopf ist bei gutem Schnee die Königstour im Allgäu.
Im Hochwinter ist der obere Teil seiner bis zu 45 Grad steilen Nordwestflanke meist abgeblasen, dann tritt plattiger, abwärtsgeschichteter Fels hervor, so daß die Besteigung trotz Steigeisen noch recht heikel sein kann. Im späten Frühjahr hingegen können die Anrisse der Grundlawinen unterhalb der Enzianhütte ein ernstes Problem darstellen. Die gesamte Tour läßt sich aus der Birgsau recht gut einsehen. Die Beste Zeit für eine Besteigung mit Pulverschnee dürfte Ende Februar, Anfang März nach einer längere Schönwetterperiode sein. Als Firntour ist meist Anfang bis Mitte Mai die ideale Zeit. Für den Aufstieg sind meist Steigeisen und Pickel nötig.

Schwierigkeit 4
Höhenunterschied ca. 1550 m.
Ausgangspunkt Oberstdorf/Talstation der Fellhornbahn.
Charakter Talanstieg, dann nordwestseitig fast durchwegs sehr bis extrem steil.

4. Allgäuer Hauptkamm

Aufstieg	Vom Parkplatz in die Birgsau und weiter auf einer im Winter nicht geräumten Straße das Rappenalptal hinein und den Rappenalpenbach etwa 500 Meter nach der Buchreinalpe überschreiten. Hier über Lichtungen und dünnen Wald empor zur Peters Alpe. Im Frühjahr, wenn das Sträßchen ins Rappenalptal schneefrei ist, empfiehlt es sich den ersten Teil der Tour mit dem Fahrrad abzukürzen. Man radelt bis zur Breitengehrenalpe und steigt von dieser leicht ansteigend über freie Flächen Richtung Ostnordost zur Peters Alpe. Nun stets der Linie des Sommerweges folgend sehr steil oberhalb von Felsabrüchen in einer großen rechts links Kehre empor zur Enzianhütte. Von der Enzianhütte direkt über die riesige zum Schluß bis 45 Grad steile Nordwestflanke empor, soweit dies mit Ski möglich ist. Die letzten Meter steigt man dann über den Nordgrat zum Gipfel hinauf.
Abfahrt	Wie Aufstieg. Bei günstigen Verhältnissen sogar vom Gipfel aus mit Ski möglich.

4.9 Wildengundkopf 2238 m, Trettachspitze 2595 m

Diese beiden recht ungleichen Berge knapp nördlich des Allg. Hauptkamms lassen sich gut in einer Tour zusammenfassen, da - wer zur Trettach will - zuvor den Wildengundkopf überschreiten muß. Der Wildengundkopf bietet im oberen Teil rassige, makellose Westhänge, während der untere Teil der Tour von Birgsau zum Einödsberg durch steilen Wald führt. Man setze die Tour deshalb nur bei hoher Schneelage ins Programm oder gehe erst dann, wenn die Ski bis zum Einödsberg getragen werden können.
Die Trettachspitze - auch als Matterhorn des Allgäus bezeichnet - ist eine kühnes Felshorn dessen Besteigung am Gipfelbau Kletterei im III. Grad der UIAA Skala erfordert. Mit Ski kann an der Trettach bis ca. 2400 m aufgestiegen werden. Auch lohnend, wenn man den Gipfel nicht erreichen will.

Schwierigkeit	3 (Trettachspitze KL II-III Grad gem. UIIA Skala.)
Höhenunterschied	ca. 1320 bzw. 1700 m.
Ausgangspunkt	Oberstdorf/Talstation der Fellhornbahn.
Charakter	Talansstieg, dann west- und nordseitig meist steil, Stellen sehr steil (Trettachspitze zusätzlich Kletterei).
Aufstieg	Vom Parkplatz der Fellhornbahn bzw. von der Birgsau auf einem auch im Winter geräumten Sträßchen Richtung Einödsbach. Kurz nachdem die Straße den Talboden verlassen hat in ca. 1000 m Höhe biegt man links ab. Nun stets auf einem schwach ausgeprägten Rücken zwischen zwei Tobeln steil durch z.T. dichten Wald empor, bis man auf ca. 1450 m Höhe nach rechts in die Senke mit der Hinteren Einödsbergalpe queren kann. Über einen Westrücken empor zum Spätengundkopf 1993 und über den häufig freigewehten Nordgrat bzw. dessen Westflanke hinauf zum Wildengundkopf.

4. Allgäuer Hauptkamm

Abfahrt	Wer weiter zur Trettachspitze will, muß mit geringem Höhenverlust ein paar Gratköpfe überschreiten um so in das Kar nördlich Ihres Gipfels zu gelangen. Dieses empor bis ca. 2400 m. Hier Skidepot. Nun steuert man den Nordwestgrat an über den der Gipfel erklettert wird. Wie Aufstieg.

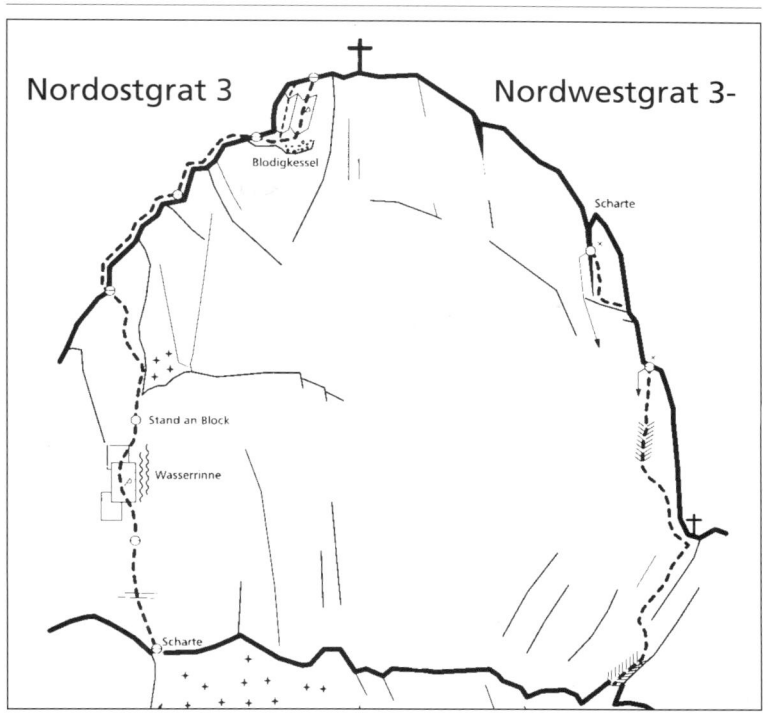

4. Allgäuer Hauptkamm

Nordostgrat 3   **Nordwestgrat 3-**

- Blodigkessel
- Scharte
- Stand an Block
- Wasserrinne
- Scharte

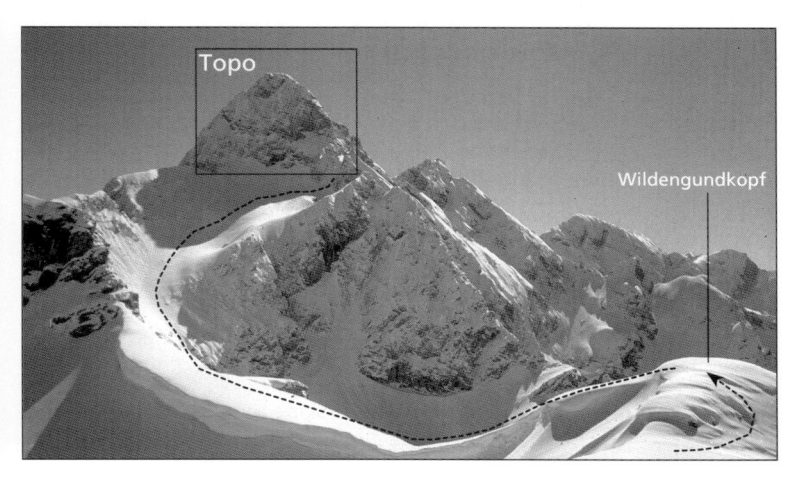

Topo

Wildengundkopf

4.10 Bockkarkopf 2609 m aus dem Bacherloch

Auch diese Tour zählt zu den schwierigsten in diesem Führer. Die Überwindung des Felsriegels der das Bachloch vom Bockkar trennt verlangt oft sicheres Gehen mit Steigeisen oder sogar Seilsicherung. Wenn im späten Frühjahr dieser Felsriegel, das sogenannte „Wändle" schneefrei ist, kann man entlang der Drahtseile des Sommerweges problemlos aufsteigen, was die Tour erheblich erleichtert. Der obere Teil bietet dafür einen fast immer unverspurten 700 Traumhang des Vorderen Bockkars von der Bockkarscharte bis zum Felsriegel. Der gut eingerichtete offene Winterraum des Waltenberger Hauses dient all jenen als Stützpunkt, die sich für die Tour 2 Tage Zeit lassen wollen. Die Tour läßt sich auch mit dem Heilbronner Weg verbinden, wenn man die Tour vom Aufstieg her kennt.

Schwierigkeit 3-4, KL
Höhenunterschied ca. 1700 m.
Ausgangspunkt Oberstdorf/Talstation der Fellhornbahn.
Charakter Talanstieg, dann Nord- und Nordwestseitig meist steil, eine längere Passage extrem steil oder heikle Kletterei an Drahtseilen.
Aufstieg Vom Parkplatz an der Birgsau vorbei auf einem auch im Winter geräumten Sträßchen nach Einödsbach. Hier an der Bacher Alpe vorbei in das finstere, oftmals von gewaltigen Lawinen verschüttete Bacherloch hinein. Im Talgrund empor bis ca. 1700 m. Jetzt gibt es zwei Möglichkeiten den sperrenden Felsriegel zu überwinden. Bei viel Schnee ganz rechts durch eine Steilrinne empor, bis man diese nach links verlassen kann, bei weniger Schnee oder im späten Frühling dem in den Felsen gesprengten Sommerweg folgend. Sollten die Seilsicherungen jedoch unter`m Schnee verborgen sein, ist eine Seilsicherung ratsam. Nun durch das Vordere Bockkar empor in die Bockkarscharte 2523 m. Kurz unterhalb der Scharte Skidepot. Von der Scharte in leichter Kraxlerei (knapp I nach UIAA-Skala) über den Nordostgrat auf den Bockkarkopf.
Abfahrt Wie Aufstieg.

4. Allgäuer Hauptkamm

Trettachspitze
Mädelegabel
Waltenberger Haus
4.10

4. Allgäuer Hauptkamm
4.11 Kreuzeck 2376 m, Rauheck 2384 m

Diese beiden für das Allgäu so typischen Grasberge lassen sich im Winter im Rahmen einer sehr langen Tagestour überschreiten. Diese Überschreitung ist aber weit anspruchsvoller, als das sanfte Profil der beiden Berge von weitem vermuten läßt.
Vom Zeitbedarf sicher die längste Tagestour in diesem Führer, daher ist auch für Experten ein sehr früher Aufbruch anzuraten. Der häufig vereiste und von Lawinen verschütte Eingang ins Traufbachtal und der meist blankgewehte Bettlerrücken erfordern oftmals Steigeisen. Abfahrtstechnisch ist die Überschreitung in der beschriebenen Richtung der Ost-Westrichtung unbedingt vorzuziehen.

Schwierigkeit   3-4
Höhenunterschied ca. 1700 m.
Ausgangspunkt   Parkplatz am Renksteg 824 m an der „Westumgehung" von Oberstdorf, an der Straße zur Fellhornbahn.
Charakter   Talanstieg, im Gipfelbereich längere Passagen zu Fuß auf exponierten Graten alle Expositionen bis extrem steil

4. Allgäuer Hauptkamm

Aufstieg Vom Parkplatz auf einem für Kfz. gesperrten auch im Winter geräumten Sträßchen 5 km taleinwärts bis in die Spielmannsau. Hier entweder durch den oftmals wegen Vereisung sehr schwierig und gefährlich zu begehenden, schluchtartigen Tobel des Traufbaches empor zur Vorderen Traufberalpe 1145 m oder - völlig unschwierig aber gut 1 Stunde länger - zuerst weiter taleinwärts bis fast zur Talstation der Materialbahn der Kemptner Hütte und hier links abbiegend auf einer Forststraße. Mit 150 m Höhenverlust ebenfalls zur Vorderen Traufbergalpe.

Nun links steil empor zu einem z.T. bewaldeten Rücken der über die Jagdhütte 1593 m hinauf zum Bettlerrücken führt. Über diesen hinauf zum Kreuzeck, wobei sich an den Füßen anstelle der Ski häufig Steigeisen befinden werden.

Vom Kreuzeck folgt eine kurze Abfahrt über einen breiten sanften Rücken in den Sattel P. 2261 m. Anschließend über den mäßig ansteigenden Südwestgrat hinauf aufs Rauheck.

Abfahrt Vom Gipfel zunächst über den Nordgrat in Richtung Älpelesattel 1780 m hinab. Nun entweder:

4.11.1 Den Grat bereits in ca. 2300 m Höhe mittels mehr oder weniger schwierigem Sprung über eine oft mehrere Meter hohe Wächte nach rechts (Osten) verlassen und die sehr steilen Nordosthänge des Gipfels oberhalb von Felsabbrüchen hinüber zur Lechler Kanz queren. Weiter über sanfte Hänge hinab in den Sattel P 2096 zwischen Rauheck und Jochspitze. Hier steil hinab nach Norden zum Eissee. Es folgt eine lange Querung nach rechts zum Wildenfeldhüttchen 1692 m. Nun über Idealhänge in nordwestlicher Richtung hinab bis zum Stuibenfall. Weiter stets dem Alpweg folgend hinaus zum Oytalhaus. Ab hier dann meist Fußmarsch auf dem für Kfz. gesperrtem Sträßchen hinaus nach Oberstdorf. Oder:

4.11.2 weiter über den Nordgrat hinab (bei hartem Schnee zu Fuß, Absturzgefahr) bis auf ca. 2100 m. Hier nach rechts (Osten) über gutes Skigelände hinab zum Eissee und weiter wie 4.11.1.

5. Oytal

Tourengebiet 5: Oytal

Das südöstlich von Oberstdorf in den Oberstdorfer Talkessel einmündende Oytal bietet ein paar außerordentlich eindrucksvolle Touren. Leider - oder zum Glück - muß man sich den Zugang in dieses herrliche Gebiet durch einen ca. acht Kilometer langen Talhatscher von Oberstdorf aus, am Oytalhaus vorbei bis zum Prinzenkreuz (Punkt 1089 m), mühsam verdienen. Dieser Umstand bewahrt den Touren im hinteren Oytal auch nach Erscheinen dieses Führers ihre Einsamkeit. Bis zum Oytalhaus ist die Straße auch im Winter geräumt, so, daß man die ersten fünf Kilometer besser mit dem Mountainbike zurücklegt. Im späten Frühjahr kann man natürlich auch bis zur Käseralpe (1406 m) radeln. Die Touren sind zwar meist etwas leichter als in Tourengebiet 4, erfordern aber ausnahmslos die Lawinenwarnstufe 1. Es lassen sich zudem großartige Überschreitungen aus den - oder in die - Tourengebiete 6 und 7 unternehmen. Daneben ist das Oytal auch ein Paradies für Eisfallkletterer (Details in „Wasserfallklettern zwischen Bregenz und Garmisch", erschienen im Panico Alpinverlag).

Stützpunkt	Das im auch Winter bewirtschaftete Oytalhaus wäre ein idealer Stützpunkt. Derzeit besteht jedoch keine Möglichkeit zur Übernachtung, da das Nebengebäude, in dem sich die Matratzenlager befinden, renovierungsbedürftig ist. Ob zukünftig wieder eine Übernachtung möglich ist, erfrage man unter Tel: 08322/4797.
Zufahrt	Mit dem PKW von auf der B 19 von Sonthofen nach Oberstdorf und auf der sogenannten Ostumgehung der Beschilderung zur Nebelhornbahn folgend bis zum gebührenpflichtigen Parkplatz an der Oybelehalle (etwa 200 m nach der Nebelhornbahn). Ab hier zu Fuß oder mit den Mountainbike auf einem schmalen Teersträßchen an den Schattenbergschanzen vorbei etwa 5 km zum Oytalhaus. (Sparsame Menschen werden am Beginn der Ostumgehung am Straßenrand der Alpgaustraße parken und eine um zwei Kilometer längere Radltour in Kauf nehmen). Mit der Deutschen Bundesbahn oder mit dem Bus von frühen Morgen weg laufend Verbindungen nach Oberstdorf. Vom Bahnhof Oberstdorf dann alle 15 Minuten mit dem Elektrobus durchs „autofreie" Oberstdorf bis zur Nebelhornbahn.
Zugang	Von der Talstion der Nebelhornbahn auf dem auch im Winter geräumten und für Kfz gesperrten Sträßchen an den Skisprungschanzen vorbei zum Oytalhaus, 1010m. Weiter auf dem nun nicht mehr geräumten Alpweg taleinwärts bis zum „Prinzenkeuz" 1089 - hier beginnen die eigentlichen Skitouren - und weiter über den Stuibenfall zu der in einem - von den wildesten Allgäuer Grasbergen umgebenen - Talkessel gelegenen Käseralpe (1401m).
Karten	Allgäuer Alpen UK L8 1:50 000 v. Bayerischen Landesvermessungsamt, Alpenvereinskarte Blatt 2/1 Allgäuer/Lechtaler Alpen Westblatt

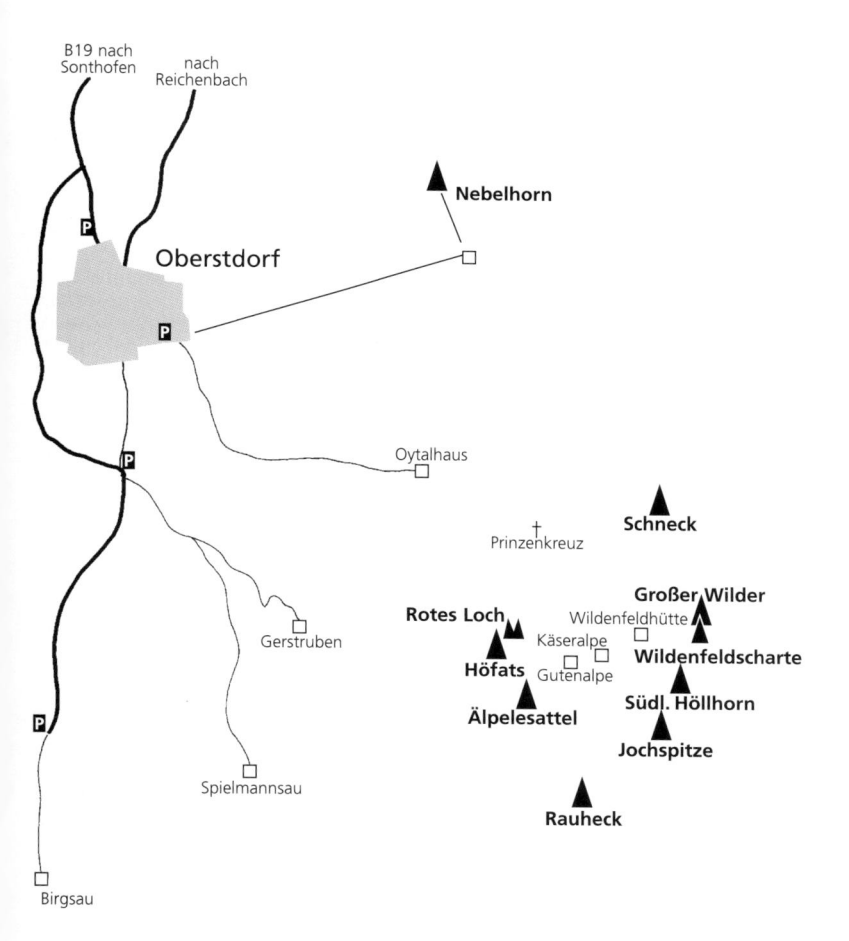

5. Oytal

5. Oytal

5.1 Älpelesattel 1780 m, Höfats 2259 m

Schwierigkeit 2, Höfats 4, KL (II nach UIAA-Skala).
Höhenunterschied ca. 1000, + ca 480 m weiter zur Höfats.
Ausgangspunkt Oberstdorf
Charakter Langer Talanstieg, dann nord bis ostseitig mäßig steil weiter zur Höfats südseitig bis extrem steil.
Zum Älpelesattel ziehen von der Käseralpe schöne, mäßig steile Osthänge ohne Hindernisse. Somit ist der Älpelesattel die leichteste Tour im Oytal und zudem Ausgangspunkt für die Besteigung der Höfats. Wer sich an den allgäuerischten aller Allgäugipfel wagen will, sollte sich im Klaren darüber sein, daß die steilen, kaum abzusichernden Grasflanken und die scharfen, ausgesetzten Grate bei winterlichen Verhältnissen in ihren Anforderungen schwierigen kombinierte Westalpenfahrten in nichts nachstehen. Dies gilt auch für den leichtesten Aufstieg vom Älpelesattel über den SO-Grat auf den Ostgipfel.
Aufstieg Vor der Käseralpe rechtshaltend den Talboden queren und über schöne Osthänge direkt hinauf zum Älpelesattel. Weiter zur Höfats: Vom Älpelesattel über den Südostgrat eventuell einige Höhenmeter noch mit Ski möglich immer steiler und ausgesetzter empor. Die letzten Meter zum Gipfel fordern leichte Kletterei (II nach UIAA-Skala) an einer äußerst luftigen Gratschneide. Diese kann, wenn sie überwächtet oder vereist ist, selbst Experten vor fast unüberwindliche Probleme stellen.
Abfahrt Wie Aufstieg oder vom Südostgrat der Höfats durch dessen sehr bis extrem steile Ostflanke.

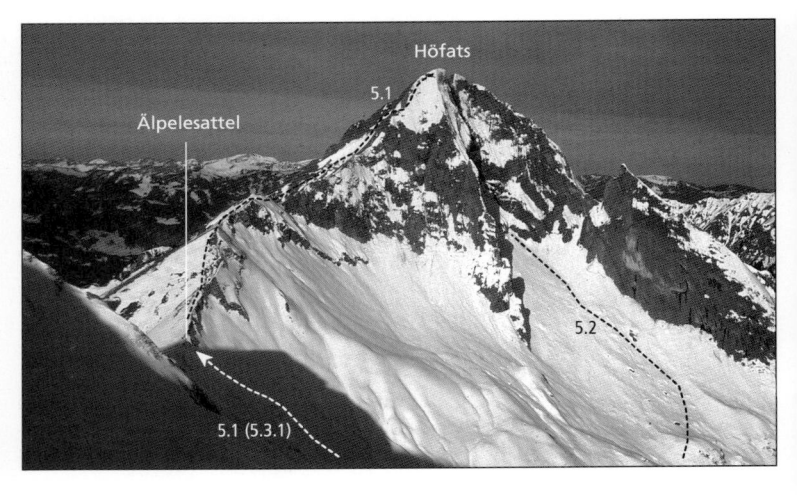

5. Oytal
5.2 Rotes Loch ca. 1900 m

Das Rote Loch ist ein eindrucksvolles, von düsteren schwarzen bis dunkelroten Felswänden eingerahmtes Kar in der Ostflanke der Höfats. Die Tour beschert zwar keinen Gipfelsieg, dafür aber ein eindrucksvolles und nicht schwieriges Bergerlebnis in einem der stillsten Winkel im winterlichen Allgäu und dazu noch eine schöne Abfahrt über steile und mäßig steile Osthänge.

Schwierigkeit 2
Höhenunterschied ca. 1100 m.
Ausgangspunkt Oberstdorf
Charakter Langer Talanstieg, dann nord- und ostseitig mäßig steil, bis steil.
Aufstieg Von der Käseralpe rechtshaltend den Talboden queren und bis ca. 1600 m. Richtung Älpelesattel aufsteigen. Nun nach rechts zur Gutenalpe queren und gerade durch das Rote Loch empor.
Abfahrt Wie Aufstieg.

5.3 Rauheck, 2384 m

Der höchste Gipfel in der Umrahmung des Oytales läßt sich auf drei verschiedenen Routen ersteigen. Als Abfahrt kommen meistens nur die in Kapitel 4 (Touren 4.11.1 und 4.11.2) beschriebenen Routen in Frage, da der Nordgrat von Älpelesattel meist freigeblasen ist und die Abfahrt in der Westflanke des Grates eine permanente Absturzgefahr bedeuten würde.

Schwierigkeit 3
Höhenunterschied ca. 1680 m.
Ausgangspunkt Oberstdorf

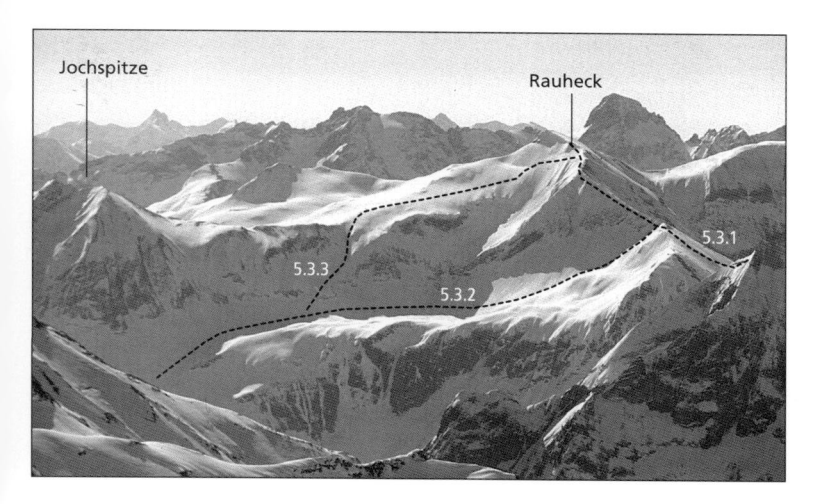

5. Oytal

5.3.1 Aufstieg über den Älpelesattel und den gesamten Nordgrat

Charakter	Langer Talanstieg, dann nord und ostseitig, bis sehr steil lange Strecken zu Fuß.
Aufstieg	Von der Käseralpe wie 5.1 in den Älpelesattel und z. T. zu Fuß über den häufig freigewehten Nordgrat direkt hinauf zum Gipfel.

5.3.2 Aufstieg über den Eissee und den oberen Nordgrat

Charakter	Langer Talanstieg, dann nord-, west- und ostseitig bis sehr steil.
Aufstieg	Die direkt hinter der Käseralpe zum Wildenfeld hinaufziehenden Westhänge empor und leicht steigend in einem großem Rechtsbogen zum Eissee queren. Nun über einen zum Ende hin Nordosthang hinauf zum Nordgrat, wobei häufig eine große Wächte überklettert werden muß. Über den oberen Teil des Nordgrates zum Gipfel. Vergleiche 4.11.2.

5.3.3 Aufstieg über den Eissee und die „Lechler Kanz"

Charakter	Langer Talanstieg, dann nord-, west- und ostseitig bis (kurzzeitig extrem steil.
Aufstieg	Vom Eissee über steile Nordhänge empor in den Sattel P 2096 zwischen Jochspitze und Rauheck.(Lechler Kanz) über sanftes welliges Gelände an den steilen Gipfelbau heran. Dieser wird rechtshaltend mittels sehr steiler Querung zum obersten Nordgrat umgangen. Die Überkletterung der Gipfelwächte ist häufig problematisch. Diese Route verlangt absolut lawinensichere Verhältnisse!
Abfahrt	Wie die Aufstiege. Am sichersten auf Route 5.3.2 (Vergleiche auch 4.11).

5.4 Südl. Höllhorn 2145 m, Jochspitze 2232 m

Die etwas abgedroschene Phrase zu unrecht sehr selten bestiegen kennzeichnet diese beiden sehr ungleichen Berge. Das Südliche Höllhorn, ein kühner, das Hornbachjoch überragender Felszahn, wird eigentlich nur im Sommer von Genußkletterern über den Südgrat bestiegen, Daß man seinen Gipfel im Winter von Nordosten ohne sonderliche Schwierigkeiten erreichen kann sieht man ihm von Oytal aus nicht an.

Die Jochspitze erreicht zwar nicht ganz die Höhe von Rauheck, die Abfahrten sind jedoch ebenbürtig und nicht ganz so anspruchsvoll.

Schwierigkeit	3 (Höllhorn 3, KL- I-II gem UIAA)
Höhenunterschied	ca 1430 m bzw. 1350 m.
Ausgangspunkt	Oberstdorf
Charakter	Langer Talanstieg, dann nord-, west- und ostseitig bis sehr steil.

5. Oytal

Aufstieg Die direkt hinter der Käseralpe emporziehenden Westhänge empor zum Wildenfeldhüttchen 1692 m und rechtshaltend unter den eindrucksvollen Südwestabstürzen des Kleinen Wilden hindurch zuletzt sehr steil ins Hornbachjoch (2020 m). Um das Südliche Höllhorn zu besteigen, quert links man unter dessen Ostwand hindurch bis eine steile Rinne in die Scharte nördlich seines Gipfels leitet, hier Skidepot. In leichter Kletterei über den Nordgrat zum Gipfel. Zur Jochspitze vom Hornbachjoch in südöstlicher Richtung durch die steile etwas gestufte Nordostflanke empor zu deren Ostgrat und über diesen, das letzte Stück zu Fuß zum Gipfel.

Abfahrt Wie Aufstieg oder:

5.4.3 von der Jochspitze über den Eissee

Vom Gipfel nach Süden steil hinab in den Sattel P. 2096 m (Lechler Kanz) und über einen steilen Nordhang hinab zum Eissee. Weiter wie bei 4.11.1 oder 5.3.3.

5.5 Wildenfeldscharte, ca. 2160 m, Großer Wilder 2379 m

Die Wildenfeldscharte ist die zwischen Kleinen und Großem Wilden eingeschnittene Scharte. Die absolute Paradetour im Oytal und eine der lohnendsten Skitouren im Allgäu überhaupt. Von der Wildenfeldscharte bis zum Stuibenfall zieht ein riesiger, gleichmäßig geneigter gut 800 m hohe Traumhang hinab. Dieser alleine lohnt schon den Aufstieg zur Wildenfeldscharte. Der Weiterweg zum Großen Wilden beschert noch ein paar alpine Schikanen wie eine Wächtenüberkletterung und eine sehr steile Querung oberhalb von Felsabbrüchen (Absturzgefahr) und sollte nur von sehr sicheren Skibergsteigern bei genügend Zeitreserve angegangen werden.

Schwierigkeit 2 bzw. 3-4 auf den Großen Wilden.
Höhenunterschied ca 1360 bzw. 1600 m.
Ausgangspunkt Oberstdorf
Charakter Langer Talanstieg, dann nord und westseitig bis steil, weiter zum Großen Wilden alle Expositionen bis kurzeitig extrem steil.
Aufstieg Die direkt hinter der Käseralpe emporziehenden Westhänge empor zum Wildenfeldhüttchen 1692 m und weiter immer geradeaus empor in die zwischen Kleinen Wilden und dem auch Hinteren Wilden genannten Südgipfel des großen Wilden eingeschnittene Wildenfeldscharte empor. Wer zum Großen Wilden möchte, muß zunächst einmal durch eine kurze Steilrinne nach Osten absteigen und dabei eine oft problematische Wächte überwinden. Nun folgt eine leicht ansteigende Querung von sehr steilen Hängen oberhalb von Felsabbrüchen zu der etwa 2200 Meter hohen Ostschulter des auch Hinterer Wilder

5. Oytal

genannten Südgipfels. Damit ist die wellige Hochfläche auf der Ostseite des Gipfels erreicht. Über sanfte wellige Hänge beliebig hinauf zum Gipfel. Bei der Querung nach der Wildenfeldscharte können - wie so oft - ein Eisgerät und Steigeisen recht hilfreich sein.

Abfahrt Wie Aufstieg.

5.6 Schneck 2269 m

Zusammen mit dem Himmelhorn beeindruckt der Schneck schon beim Marsch ins Oytal durch seine steilen düsteren Graswände - ein typischer Allgäu-Berg eben. Wesentlich sanfter präsentiert sich seine Südseite, auf der man bis zum nur 10 Meter niedrigen Vorgipfel mit Ski aufsteigen kann. Der kurze Übergang zum Hauptgipfel fordert bei winterlichen Verhältnissen eine heikle Kletterei an einer sehr ausgesetzten Gratschneide.

Schwierigkeit 3, KL (I-II nach UIAA-Skala)
Höhenunterschied ca. 1470 m.
Ausgangspunkt Oberstdorf
Charakter Langer Talanstieg, dann nord-, west- und südseitig heikler Gipfelanstieg.
Aufstieg Die direkt hinter der Käseralpe emporziehenden Westhänge empor zum Wildenfeldhüttchen 1692 und weiter linkshaltend über das Mittereck 1835 m in das zwischen Gr. Wilden und Schneck gelegenen Himmeleck. 2007 m. Nun zunehmend steiler über den Südgrat empor zum Vorgipfel. Wer den Hauptgipfel erreichen will, erklettere diesen (I-II nach UIAA-Skala) über einen schmale sehr ausgesetzten Grat, der bei Vereisung oder Überwächtung für den alpinen Normalverbraucher rasch unbegehbar werden kann.
Abfahrt Wie Aufstieg.

SKI TRAB

lightweight TECHNOLOGY

ALPIN-TIPP
TEST: Tourenski 10/99

- TOUR EASY
- PIUMA SINTESI
- PIUMA AERO 71

Klett Sports
Friedrich-Krupp-Str. 5
D-72461 Albstadt
tel. +49(0)7432-984100
fax +49(0)7432-9841010
mail: info@klett-sports.com

Tourengebiet 6: Nebelhorn

Die Nebelhornbahn ermöglicht einen raschen und bequemen Zugang in dieses Gebiet. Somit liegt es natürlich auf der Hand, daß die Touren rund ums Nebelhorn nicht gerade zu den Einsamsten zählen. Dies darf aber nicht darüber hinwegtäuschen, daß alle Touren durch hochalpines Gelände führen, einige - wie die Überschreitung des Laufbacher Ecks oder die Nordabfahrt vom Großen Daumen - sogar zu den anspruchsvollsten in diesem Führer zählen. Durch den hochgelegenen Ausgangspunkt beginnen alle Touren anstatt mit einem Aufstieg mit kleinen Abfahrten oder langen Querungen. Da einige Touren weit abseits vom Ausgangspunkt enden, ist die Benützung von öffentlichen Verkehrsmitteln besonders vorteilhaft.

Zufahrt Von Sonthofen auf der B 19 nach Oberstdorf und der Beschilderung folgend über die „Ostumgehung" zur Talstation der Nebelhornbahn. Dort befinden sich mehrere gebührenpflichtige Parkplätze. Mit öffentlichen Verkehrsmitteln ab Sonthofen oder Hindelang ab den frühen Morgen laufend Verbindungen in engen Zeitabständen zum Bahnhof Oberstdorf und von dort mit dem Elektrobus zur Nebelhornbahn. Wer eine Tour plant, die in Hindelang oder Hinterstein endet, parke sein Fahrzeug besser am Busbahnhof in Hindelang oder dem Bahnhofsvorplatz in Sonthofen und spare sich somit die Parkplatzkosten in Oberstdorf. Auskünfte über die Bus- und Zugfahrpläne beim Verkehrsamt Oberstdorf (Tel. 083222/7000) der Deutschen Bundesbahn, der Firma RVA 08322/9677-0 und für die Strecke Giebelhaus-Hinterstein bei der Firma Wimmer & Wechs (Tel. 08324/2277).

Zugang Mit der Nebelhornbahn (Einzelfahrten für Tourengeher sind erhältlich) zur Station Höfatsblick 1929 m (daneben das Edmund-Probst-Haus) oder bis zum Nebelhorngipfel 2224 m. Auskünfte über Betriebszeiten und Preise erteilt die Bergbahngesellschaft unter 08322/96000.

Karten Allgäuer Alpen UK L 8 1:50000 vom Bayerischen Landesvermessungsamt, (Alle Orts und Höhenangaben nach dieser Karte); Blatt 8528 Hinterstein 1:25000.

Übernachtung Das Edmund-Probst-Haus (DAV Sektion Allgäu-Immenstadt) ist während des Winters bewirtschaftet und bietet eine preiswerte Übernachtungsmöglichkeit. Reservierungen unter 08322/4795.

6. Nebelhorn

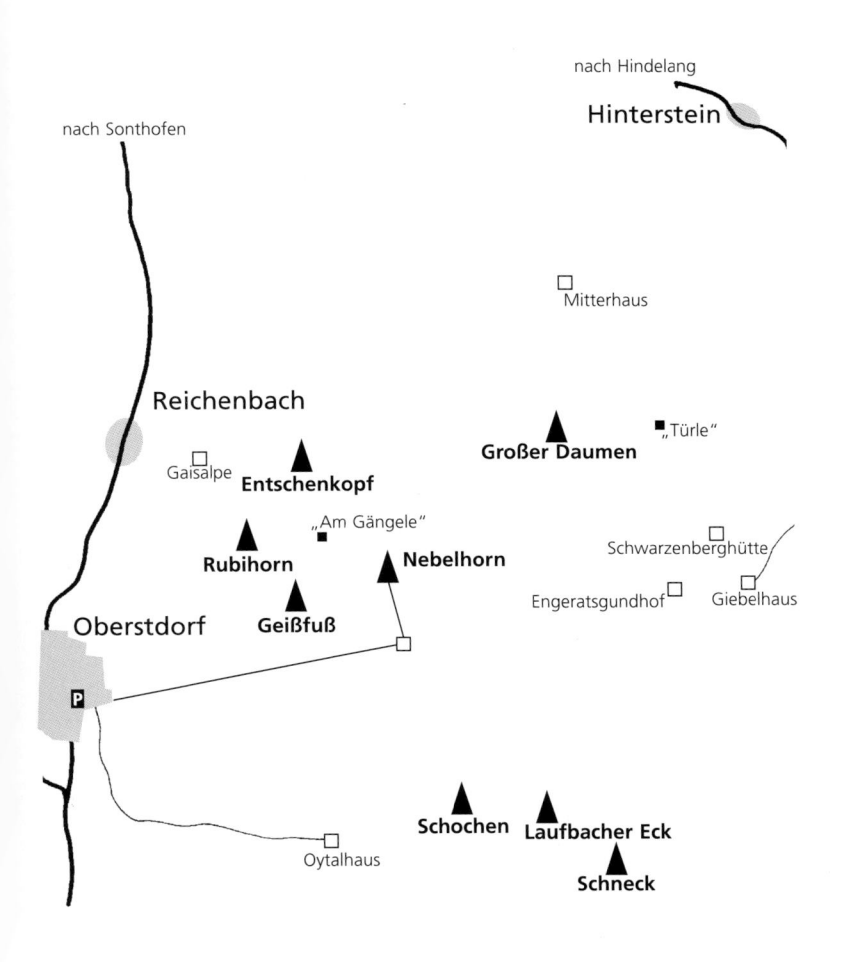

6. Nebelhorn

6.1 Schochen 2100 m

Der Schochen von Nordosten ist geradezu ein Musterbeispiel für einen Skiberg. Bis auf einen kurzen Steilhang unterm Gipfel warten 800 Meter mäßig steile Traumhänge und ein recht zügig zu fahrendes Tal auf den Skibergsteiger. Durch die schattige nordostseitige Lage hält sich hier der Pulverschnee besonders lange Die Abfahrt vom Gipfel nach Süden ins Oytal ist dann schon mehr für den Steilhangspezialisten geeignet.

Schwierigkeit 2 (Abfahrt zum Giebelhaus) bzw. 3. (Abfahrt ins Oytal)
Höhenunterschied Aufstieg ca. 450 m.
Ausgangspunkt Oberstdorf/Nebelhornbahn
Charakter Nord-, nordost- und ostseitig mäßig steil bis steil am Gipfelbau kurzeitig sehr steil.
Aufstieg Von der Station Höfatsblick rechtshaltend die Westhänge des Zeigers queren bis in den Sattel zwischen Zeiger und Großem Seekopf. Es folgt eine Abfahrt nach Osten unter den Nordabbrüchen des Gr. Seekopfes hindurch bis man dessen Nordostgrat auf ca. 1750 m nach Süden überschreiten kann. Man quert weiter leicht fallend nach Süden und zielt dabei auf eine auf ca. 1700 m hoch gelegene, auch Breitengehren genannte Hütte. Ab hier beginnt dann der Aufstieg stets in südwestlicher Richtung zuerst über welliges Gelände zum Schluß über den kurzzeitig sehr steilen Nordosthang !! direkt zum Gipfel.

6.1.1 Abfahrt nach Nordosten

Vom Gipfel stets in Nordostrichtung an der Kuhplattenalpe 1493 vorbei ins Obertal. Dieses stets auf der linken Talseite hinaus zum Giebelhaus. Mit der Buslinie der Firma Wimmer & Wechs weiter nach Hinterstein.

6. Nebelhorn

6.1.2 Abfahrt nach Süden ins Oytal

Charakter Südseitig bis fast durchwegs sehr steil, Stelle extrem steil, dann langes Tal.
Abfahrt Vom Gipfel zunächst über den Ostgrat hinab. Diesen bereits nach ca. 200 m verlassen und über einen oben kurzzeitig bis etwa 40 Grad steilen Hang nach Süden hinab bis in den engen Taleinschnitt des Laufbaches. Hier stets rechts des Bachlaufes durch steilen Wald hinab ins Oytal. Mit Ski noch weiter sehr flach zum Oytalhaus hinaus und weiter auf der Straße (5 km) nach Oberstdorf.

6.2 Laufbacher Eck 2179 m

Anders als im Sommer verirren sich im Winter sich nur wenige Bergsteiger aufs Laufbacher Eck. Mit gutem Grund, denn dessen Überschreitung wartet mit allerlei alpiner Schikanen auf. Dafür gibt es sozusagen als Belohnung kaum befahrene Traumabfahrten ins Bärgündle- Ober oder ins Oytal.

Schwierigkeit 3-4
Höhenunterschied Aufstieg 550 m.
Ausgangspunkt Oberstdorf/Nebelhornbahn
Charakter Alle Expostionen, bis extrem steil.
Aufstieg Von der Station Höfatsblick rechtshaltend die Westhänge des Zeigers queren bis in den Sattel zwischen Zeiger und Großem Seekopf. Es folgt eine Abfahrt nach Osten unter den Nordabbrüchen des Gr. Seekopfes hindurch bis man dessen Nordostgrat auf ca. 1750 m nach Süden überschreiten kann. Man quert weiter leicht fallend nach Süden und zielt dabei auf eine auf ca. 1700 m hoch gelegene, auch Breitengehren genannte Hütte. Nun nördlich unter dem Lachenkopf hindurch, bis man über meist sanfte bis mäßig steile Hänge in den auch Lacherscharte genannten Sattel zwischen Lachenkopf und Laufbacher Eck steigen kann. Nun zu Fuß über den bis extrem steilen, meist freigewehten, grasigen Westgrat hinauf aufs Laufbacher Eck (häufig Steigeisen nötig).

6. Nebelhorn

6.2.1 Abfahrt nach Osten ins Bärgündletal und zum Giebelhaus

Schwierigkeit 3
Charakter Ostseitig, bis sehr steil.
Aufstieg Vom Gipfelgrat über eine häufig mehrere Meter hohe Wächte hinab dann leicht rechtshaltend über steile bis sehr steile Osthänge !! ca. 150 Höhenmeter hinab. Damit sind die Schwierigkeiten überwunden. Über weite Hänge stets rechtshaltend bis zu einem vom Schneck bis ins Tal ziehenden Felsriegel (Zwerchwand). In dem kleinen Tälchen nördlich unter der Zwerchwand hinab ins Bärgündletal. Dieses entlang des Alpweges hinaus zum Giebelhaus und mit der Buslinie der Firma Wimmer & Wechs nach Hinterstein.

6. Nebelhorn

6.2.2 Weiterweg über das Himmeleck ins Oytal
Höhenunterschied zusätzlich 200 m Aufstieg.
Schwierigkeit 3
Charakter Alle Expositionen bis sehr steil.
Aufstieg Wie oben bei 6.2.1 hinab nach Osten bis zur Zwerchwand. Diese weist auf ca. 1800 m Höhe eine Lücke auf. Durch diese Lücke beginnt der Aufstieg zum Himmeleck 2007 m. Dabei werden die z. T. sehr steilen Osthänge des Schnecks in südlicher Richtung gequert. Die Besteigung des Schnecks über dessen Südgrates ist eine auf jeden Fall lohnende Zugabe. (Vergleiche Tour 5.6). Auch die Abfahrt führt auf Route 5.6 über das Mitteleck und die Wildenfeldhütte über mäßig steile bis steile Westhänge hinab ins Oytal.

6.3 Großer Daumen 2280 m

Das breite Bergmassiv des Großen Daumens ist der höchste Gipfel der dem Hauptkamm weit vorgelagerten Daumengruppe und somit einer der besten Allgäuer Aussichtsberge. Drei Abfahrten unterschiedlicher Schwierigkeit leiten hinab ins Ostrachtal, wobei die Südabfahrt zum Giebelhaus die leichteste und beliebteste Tour im Bereich des Nebelhorns ist.

Schwierigkeit 2
Höhenunterschied Aufstieg ca. 350 m.
Ausgangspunkt Oberstdorf/Nebelhornbahn
Charakter Meist südseitige flache Querung, kurze Stelle steil.
Aufstieg Von der Station Höfatsblick auf der Piste hinauf bis knapp unter die Bergstation der Vierersesselbahn „Koblat". Nun in nordöstlicher Richtung die Koblat genannte Hochfläche unter den Wengenköpfen queren, bis im Bereich des Laufbichelsees ein unschwieriges Aufsteigen zum tiefsten Grateinschnitt zwischen Daumen und den Wengenköpfen möglich ist. Über den sanften Westhang direkt weiter auf den Gipfel des Daumen.

6.3.1 Abfahrt nach Süden zum Giebelhaus
Schwierigkeit 2
Charakter Süd- und ostseitig mäßig, steil bis steil.
Abfahrt Von Gipfel genau nach Osten hinab bis ca. 1900 m Höhe. Der die weitere Abfahrt sperrende Felsriegel wird rechtshaltend, unterhalb der Laufbichler Kirche, umfahren. Weiter über baumfreie Südhänge über die Gündleshütte und Käseralpe hinab zum Engeratsgunder Hof und auf dem Alpweg hinab zum Giebelhaus. Mit der Buslinie der Firma Wimmer & Wechs weiter nach Hinterstein.

6.3.2 Abfahrt nach Osten nach Hinterstein
Schwierigkeit 2-3

6. Nebelhorn

Charakter	Süd-, ost- und nordseitig, bis sehr steil, längere Querungen.
Abfahrt	Zunächst von Gipfel nach Osten hinab bis man auf ca. 2100 m durch steiles, felsdurchsetztes Gelände oberhalb des Engeratsrundsees in die zwischen Hengst und Kleinen Daumen eingeschnittene Scharte (Türle) queren kann. Leichter ist es bis zum See abzufahren und von dort wieder zum Türle aufzusteigen. Jenseits steil leicht linkshaltend hinab in den obersten Talboden. Hier auf die rechte Talseite wechseln und in der Nordflanke des Hengstes hinab bis man auf ca. 1400 m. Höhe wieder auf die linke Talseite wechselt. Nun stets dem in der Karte eingezeichnetem Wanderweg folgend hinab zur Möslealpe 1134 m und durch steilen Wald hinab in den Talboden, der etwa zwei Kilometer vor Hinterstein erreicht wird. Für diese Abfahrt ist eine hohe Schneelage vorteilhaft.

6.3.3 Abfahrt nach Norden ins Retterschwanger Tal

An diese durch felsdurchsetzes Gelände führende Steilabfahrt sollten sich nur sehr sichere Skifahrer bei besten Verhältnissen wagen. Bei hartem Firn oder Vereisung dürfe ein Sturz im oberen Teil der Abfahrt nicht mehr abzufangen sein. Vom Gipfel nahezu eben dem Grat zum Nordostgipfel (P. 2273) und sehr steil hinab in die Daumenscharte (zwischen Großem- und Kleinen Daumen). Hier zuerst gerade, dann rechtshaltend bis zu 40 Grad steil hinab, bis man ein sanft auslaufendes Kar erreicht. Beliebig in gutem Skigelände an den drei Haseneckalpen vorbei bis ca. 1350 m. Hier auf der rechten Talseite dem Sommerweg folgend durch steilen Wald hinab ins Retterschwanger Tal. Auf dem im Winter nicht geräumten Sträßchen das Tal hinaus nach Bad Oberdorf. Auch für diese Abfahrt ist eine hohe Schneelage vorteilhaft.

Schwierigkeit	4
Charakter	Nordseitig, längere Strecken sehr bis extrem steil, dann langes Tal.

6. Nebelhorn

6. Nebelhorn

6.4 Geißfuß 1980 m, Entschenkopf 2043 m (Rubinger Haute Route)

Diese nach dem Dörfchen Rubi bei Oberstdorf benannte Überschreitung ist ein anspruchsvoller Allgäu-Klassiker. Die Pluspunkte dieser Tour sind neben einigen schönen Abfahrten vor allem landschaftliche Eindrücke, wie die düstere Nordwandkulisse im hintersten Retterschwanger Tal. Da man die Tour erst nach längerem Schönwetter angehen sollte, wird eine Abfahrt bis ins Tal, nach Rubi oder Reichenbach, nicht immer möglich sein.

Schwierigkeit 3
Höhenunterschied Aufstieg mindestens 1000 m.
Ausgangspunkt Oberstdorf/Nebelhornbahn
Charakter Alle Expositionen, bis sehr steil, mehrere längere Gegenanstiege.

Die Tour Von der Station Höfatsblick fährt man auf der Piste Richtung Oberstdorf ab, bis die Piste in ca. 1600 m. Höhe unter starker Verengung einen scharfen Linksbogen beschreibt. In diesem Linksbogen beginnt der Aufstieg zum Geißfuß. Hierher auch von der Station Seealpe der Nebelhornbahn (350 Höhenmeter Aufstieg auf der Piste) Nun stets linkshaltend durch ein großes Kar hinauf und den Südgrat des Gundkopfes in knapp 1800 m Höhe nach links überschreiten. Weiter in westlicher Richtung empor zum Geißfuß. Von dessen Gipfel in steiler nach rechts ziehender Querfahrt zum Sattel „Am Gängele" das etwas oberhalb (in Richtung Nebelhorn) des tiefsten Einschnittes nach Osten überschritten wird. Kurzzeitig steil, dann über sanfte Karböden hinab nach Osten. Spätestens wenn man bis 1500 m abgefahren ist („im Wank") beginnt wieder der Aufstieg. Über wellige ostseitige Hänge auf den Gipfel des Entschenkopfs zu. Die steilen Gipfelfelsen werden rechts, nördlich umgangen. Die letzten Meter zu Fuß. Bei der Abfahrt zunächst auf der Aufstiegsroute zurück bis man nach links in eine ca. 1850 Einschartung im Entschenrücken queren kann. Es folgt eine rassige Abfahrt nach Norden bis ca. 1500 m Höhe (Kohlplatz) bevor abermals ein Aufstieg beginnt. Man zielt dabei den Sattel unmittelbar nördlich des Entschenkopfes an Von diesem Sattel auf einer viel befahrenen Abfahrt hinab: Nach einer kurzen Linksquerung über einen Steilhang hinab zur Richteralpe und weiter über Lichtungen und Waldstufen hinab zum schön gelegenen Berggasthof Gaisalpe. Die fällige Einkehr verlege man jedoch besser ins Tal, da der Wirt der Gaisalpe, sich Tourenfahrern gegenüber häufig sehr unfreundlich verhält. Auf einem oft als Rodelbahn genutzten Alpweg hinab nach Reichenbach oder nur bei sehr viel Schnee über Wiesen und Waldlichtungen links vom Alpweg hinab.

6. Nebelhorn

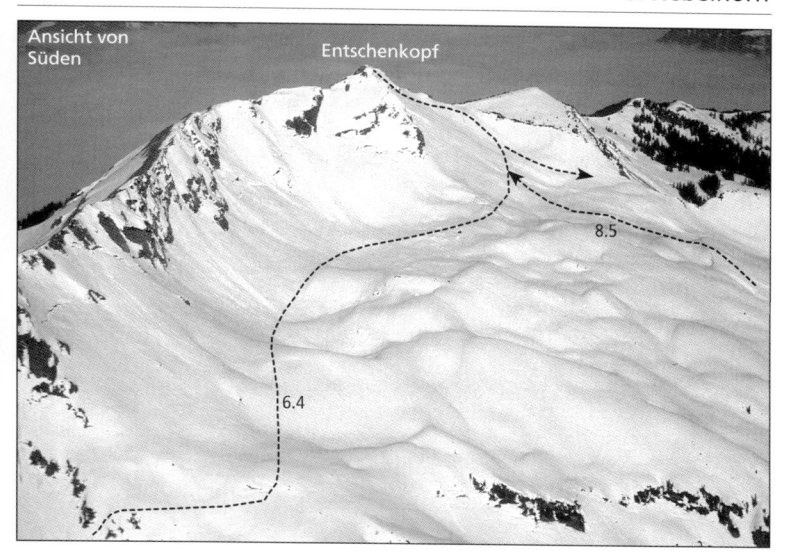

Ansicht von Süden
Entschenkopf
8.5
6.4

Entschenkopf
Nebelhorn
„Gängele"
Rubihorn
6.4

Ansicht von Nordwesten

7. Hinteres Ostrachtal

Tourengebiet 7: Hinteres Ostrachtal

Im hinteren Ostrachtal, rund ums Giebelhaus, stehen eine ganze Reihe lohnender, mit Ausnahme von Großem Daumen und Großem Wilden sehr selten bestiegenen Skiberge. Dies liegt in erster Linie daran, daß die Straße zum Giebelhaus, dem Ausgangspunkt der meisten Touren, für den privaten Kfz-Verkehr gesperrt ist. Bezüglich der Anforderungen liegen die meisten Touren im mittleren Bereich. Das Gebiet ist oft außergewöhnlich schneereich.

Zufahrt Mit Kfz. oder Bus über Hindelang nach Hinterstein 866 m. Dort befindet sich am Ortsende ein großer gebührenpflichtiger Parkplatz. Von dort entweder mit der Buslinie der Firma Wimmer & Wechs (Auskünfte über die Fahrzeiten unter Tel 08324/2277) oder mit dem Fahrrad (bei trockener Straße ist ein Mountainbike nicht unbedingt nötig) auf einer acht Kilometer langen gut asphaltierten Straße zum Giebelhaus 1068 m.
Leider fahren die Busse im Winter erst am späten Vormittag, so daß für eine Tagestour nur etwa fünf Stunden Zeit bleiben. In der Firnzeit ist dies ohnehin zu spät, so daß man besser und sportlicher auf's Fahrrad umsteigt. Der interessanteste Zugang ist jedoch die Abfahrt vom Nebelhorn entweder direkt über die Wengenalpen ins Obertal oder mit dem Umweg über den Schochen (Tour 6.1.1) oder den Großen Daumen (Tour 6.3.1).

Karten Allgäuer Alpen UK L8 des Bayerischen Landesvermessungsamts sowie die sehr guten Topographischen Karten 1:25000 Hochvogel Blatt 8628 und Hinterstein Blatt 8528 ebenfalls vom Bayerischen Landesvermessungsamt.

Übernachtung Schwarzenberghütte 1380 m (DAV Sektion Illertissen) ab dem 25.12. den ganzen Winter über bewirtschaftet. Knapp neben der Südabfahrt des Daumens (Route 6.3.1, bzw. Route 7.3) gelegen. Prinz-Luitpold-Haus 1846 m (DAV Sektion Allgäu/Immenstadt), offener Winterraum in einem separatem Nebengebäude.

7. Hinteres Ostrachtal

nach Hindelang

Hinterstein 🅿

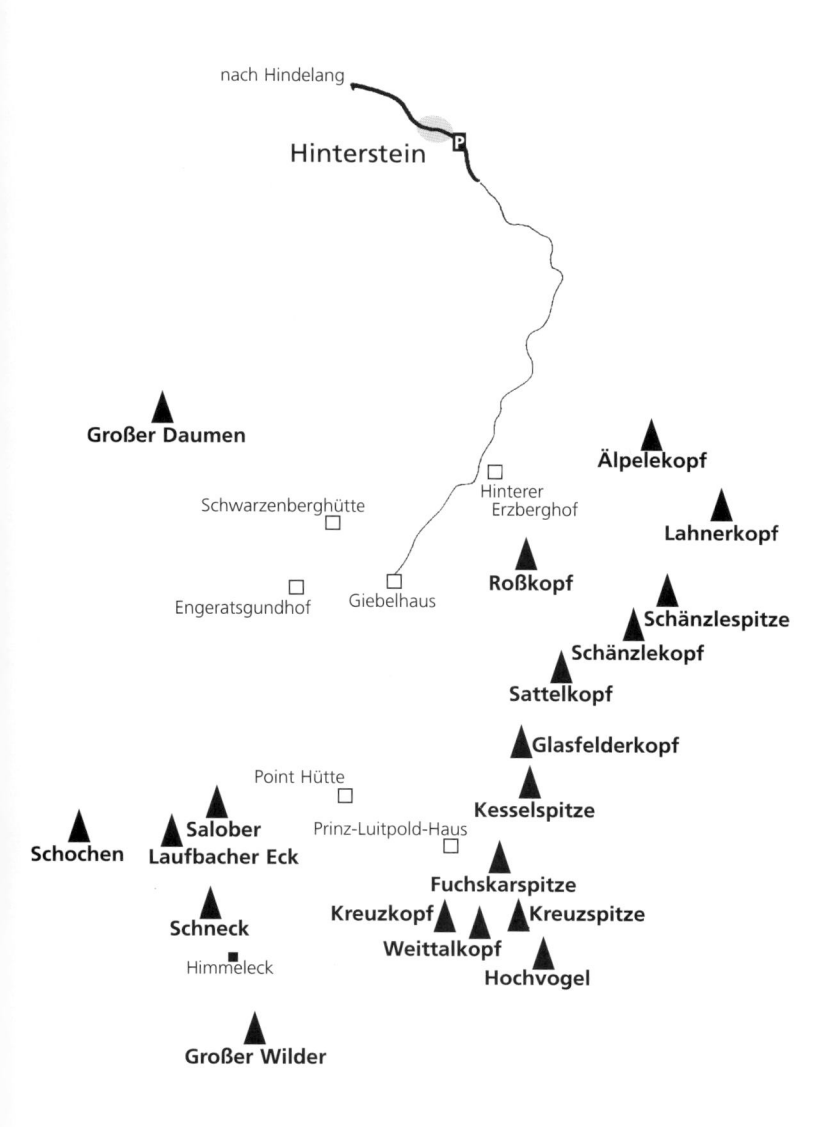

▲ **Großer Daumen**

▲ **Älpelekopf**

☐ Hinterer Erzberghof

☐ Schwarzenberghütte

▲ **Lahnerkopf**

▲ **Roßkopf**

☐ Engeratsgundhof ☐ Giebelhaus

▲ **Schänzlespitze**

Schänzlekopf

Sattelkopf

▲ **Glasfelderkopf**

Point Hütte ☐

▲ **Kesselspitze**

▲ **Salober**

Prinz-Luitpold-Haus ☐

▲ **Schochen** **Laufbacher Eck**

Fuchskarspitze

▲ **Schneck**

Kreuzkopf ▲ ▲ **Kreuzspitze**

Weittalkopf

■ Himmeleck

▲ **Hochvogel**

▲ **Großer Wilder**

7. Hinteres Ostrachtal

7.1 Aufstieg zur Schwarzenberghütte 1380 m

Dieser Stützpunkt eignet sich besonders für die Tour zum Großen Daumen und die Touren im Obertal. Für die anderen Touren ist die Hütte weniger günstig gelegen.

Schwierigkeit 1
Höhenunterschied ca. 320 m.
Ausgangspunkt Hinterstein/Giebelhaus
Charakter Südseitig, flach, meist durch Wald auf Forststraße.
Aufstieg Vom Giebelhaus nach rechts auf einem Alpweg ins Obertal, diesen nach 100 Höhenmeter rechts verlassen und wiederum auf einem Alpweg bis zur Hütte.
Für die Abfahrt quert man von der Hütte besser hinüber zur Käseralpe auf der Südabfahrt des Gr. Daumens.

7.2 Schochen 2100 m

Der Schochen von Nordosten enspricht dem Idealbild eines Skiberges. Der Aufstieg entspricht exakt der in Kapitel 6, Route 6.1.1 beschrieben Abfahrt. Die entsprechenden Fotos finden sich auf den Seiten 86 und 87.

Schwierigkeit 2
Höhenunterschied ca. 1050 m.
Ausgangspunkt Hinterstein/Giebelhaus
Charakter Talanstieg, dann nordostseitig mäßig steil, Gipfelhang kurz sehr steil.
Aufstieg Vom Giebelhaus nach rechts dem Alpweg ins Obertal bis kurz vor seinem Ende verfolgen. Nun über weite, gestufte Nordosthänge an der Kuhplattenalp vorbei empor.
Zuletzt über einen kurzen Steilhang empor zum Gipfel (Siehe auch Tour 6.1).
Abfahrt Wie Aufstieg oder auch Route 6.1.2 ins Oytal.

7.3 Großer Daumen 2280 m

Auch aus dem Ostrachtal lohnt die Ersteigung des Großen Daumens. Die Route entspricht der Abfahrt 6.3.1 in umgekehrter Richtung.

Schwierigkeit 2
Höhenunterschied ca. 1220 m
Ausgangspunkt Hinterstein/Giebelhaus oder Schwarzenberghütte (7.1)
Charakter Süd- und südostseitig, meist mäßig steil, Stellen steil.
Aufstieg Vom Giebelhaus nach rechts auf dem Alpweg ins Obertal bis zum Engeratsgundhof. Von hier über idealgeneigte, Waldfreie Südhänge über die Käseralpe und Gündleshütte empor bis ca. 1700 m. Den hier sich querstellenden Felsriegel links unter dem Laufbichler Kirche umgehen. Weiter über wellige Südosthänge gerade hinauf zum Gipfel.
Abfahrt Wie Aufstieg, oder auf Route 6.3.2 nach Hinterstein bzw. auf Route 6.3.3 ins Retterschwanger Tal.

7. Hinteres Ostrachtal

7.4 Laufbacher Eck 2178 m

Das Laufbacher Eck gehört - wie schon bei Tour 6.2 erwähnt - zu den eher anspruchsvollen Touren. Vom Giebelhaus oder der Schwarzenberghütte kann man diesen Gipfel im Rahmen einer sehr interessanten Rundtour überschreiten. Für den westseitigen Aufstieg sind im Gipfelbereich häufig Steigeisen und Pickel nötig.

7.4.1 Laufbacher Eck aus dem Obertal

Schwierigkeit 3-4
Höhenunterschied ca. 1120 m.
Ausgangspunkt Hinterstein/Giebelhaus
Charakter Talanstieg, dann nord nordwest und westseitig bis extrem steil.
Aufstieg Vom Giebelhaus nach rechts dem Alpweg ins Obertal bis kurz vor seinem Ende verfolgen. Hier nach links die Talseite wechseln und zur Plättele Alpe aufsteigen. Auf einen, z.T. von ein paar Büschen bewachsenen, schwach ausgeprägten Rücken zwischen zwei Bachläufen steil nach Osten empor bis ca. 1600 Meter Höhe. Hier leicht ansteigend nach rechts zu der im Winter oft völlig zugeschneiten Rottennhütte 1722 m queren. Weiter über meist sanfte bis mäßig steile Nordhänge empor in die zwischen Lachenkopf und Laufbacher Eck gelegene Lacherscharte. Nun zu Fuß über den steilen, meist freigewehten, grasigen Westgrat hinauf aufs Laufbacher Eck (häufig Steigeisen nötig).
Abfahrt Wie Aufstieg oder (viel lohnender auf Route 6.2.1) zum Giebelhaus.

7. Hinteres Ostrachtal

7.4.2 Laufbacher Eck aus dem Bärgündeletal

Die Besteigung des Laufbacher Ecks von Osten ist etwas einfacher als seine Überschreitung von Westen her und ist skifahrerisch eine der lohnendsten Touren in diesem Gebiet. Die Tour läßt sich sehr gut mit dem Salober verbinden. Die steilen, ostseitigen Hänge erfordern einen frühen Aufbruch und sehr sichere Verhältnisse.

Schwierigkeit 3
Höhenunterschied ca. 1120 m.
Ausgangspunkt Hinterstein/Giebelhaus
Charakter Talanstieg, dann ostseitig, bis sehr steil.
Aufstieg Vom Giebelhaus auf der Fahrstraße zunächst auf der linken Talseite ins Bärgündeltal. Dieser bis zu Ihrem Ende an der Pointhütte folgen. Nun über z. T. sehr steile von kleinen mit Büschen bewachsenen Abbrüchen, unterbrochen Osthänge empor bis ca. 1600 m Höhe. Dabei hält man sich im groben an den in der BLV Karte eingezeichneten Pfad. Weiter in leicht steigender Linksquerung zur Ochsenalpe 1729 m. Gerade über erst sanfte, zum Schluß sehr steile Osthänge hinauf zum Gipfel. Die oft mehrere Meter hohe Gipfelwächte kann kurz vor dem Ziel noch ein ernsthaftes Problem bereiten.
Abfahrt Wie Aufstieg oder - viel lohnender - auf Route 6.2.1.

7. Hinteres Ostrachtal

7.5 Salober 2088 m

Die alte Phrase „ Zu unrecht fast nie bestiegen" charakterisiert treffend die Salobertour. Genau wie am Laufbacher Eck verlangen die steilen Osthänge einen frühen Aufbruch und sehr sichere Verhältnisse.

Schwierigkeit	3
Höhenunterschied	ca. 1020 m.
Ausgangspunkt	Hinterstein/Giebelhaus
Charakter	Talanstieg, dann ost- und nordostseitig, bis sehr steil.
Aufstieg	Vom Giebelhaus auf der Fahrstraße zunächst auf der linken Talseite ins Bärgündletal. Dieser bis zu ihrem Ende an der Pointhütte folgen. Nun über z.T. sehr steile von kleinen mit Büschen bewachsenen Abbrüchen, unterbrochen Osthänge empor bis zur der im Winter oft völlig eingeschneiten Klammhütte 1620 m. Nun stets gerade empor über die kurzzeitig an die 35 Grad steilen Hänge zum nach drei Seiten steil abbrechenden Gipfel.
Abfahrt	Wie Aufstieg oder - viel lohnender - auf der Austiegsroute bis ca. 1800 m Höhe. Man zieht dort nochmals die Felle auf und quert leicht steigend nach Süden bis zur Abfahrt 6.2.1 und fährt dann unterhalb der Zwerchwand ab.

7.6 Schneck 2269 m

Wer aus dem Bärgündletal dieses kühne Felshorn erblickt, denkt dabei sicher an alles andere als an einen Skiberg, berühmt wurde dieser Berg ja auch durch seine Ostwand. Wesentlich sanfter präsentiert sich seine Südseite, auf der man bis zum nur 10 Meter niedrigeren Vorgipfel mit Ski aufsteigen kann. Der kurze Übergang zum Hauptgipfel fordert eine bei winterlichen Verhältnissen heikle Kletterei an einer sehr ausgesetzten Gratschneide.

Schwierigkeit	3, KL (I-II gemäß UIAA)
Höhenunterschied	ca. 1200 m.
Ausgangspunkt	Hinterstein/Giebelhaus
Charakter	Talanstieg, dann nord-, ost- und südseitig bis sehr steil.
Aufstieg	Vom Giebelhaus auf der Fahrstraße zunächst auf der linken Talseite ins Bärgündletal. Dieser bis zu Ihrem Ende an der Pointhütte folgen. Eben weiter in den Talschluß und über mäßig steile Nordhänge in Richtung Vorderer Wilden aufsteigen, bis man auf ca. 1650 m Höhe nach rechts zur Schönberger Hütte queren kann. Nun entweder über den z.T. steilen Ostrücken zu einer ca. 2150 m hohen Schulter im Südgrat des Schnecks empor oder links von diesem Grat in den Himmelecksattel 2007 m. Jetzt zunehmend steiler über den Südgrat empor zum Vorgipfel. Wer den Hauptgipfel erreichen will, erklettere diesen über einen schmale sehr ausgesetzten Grat, der bei Vereisung oder Überwächtung für den alpinen Normalverbraucher rasch ungehbar werden kann.
Abfahrt	Wie Aufstieg. oder auf Route 5.6 ins Oytal.

7. Hinteres Ostrachtal

7.7 Großer Wilder 2380 m

Während der Große Wilde im Winter auf dieser Route kaum bestiegen wird, herrscht an schönen Wochenenden im Spätfrühling und Frühsommer hier nahezu Massenbetrieb. Ab ca. Mitte Mai, wenn man bis zur Pointhütte in Bärgündletal radeln kann, trifft sich hier das Allgäu zum Skitourenausklang. Auch ein traditionelles Firngleiterrennen findet alljährlich in dem nördlich unterm Gipfel eingebetteten, „Gamswanne" genannten Kar statt. Dies alles darf nicht darüber hinweg täuschen, daß es sich um eine hochalpine und anspruchsvolle Tour handelt. Besonders die Einfahrt und Ausfahrt in die Gamswanne sind bei hartem Schnee oder Vereisung recht problematisch. Mehrere tödliche Abstürze zur Skitourenzeit sprechen eine deutliche Sprache. Also vorsichtshalber die Steigeisen mit in den Rucksack packen.

Schwierigkeit 3
Höhenunterschied ca. 1320 m.
Ausgangspunkt Hinterstein/Giebelhaus

7. Hinteres Ostrachtal

Charakter	Talanstieg, dann nordseitig meist mäßig steil, Stellen extrem steil.
Aufstieg	Vom Giebelhaus auf der Fahrstraße zunächst auf der linken Talseite ins Bärgündletal. Dieser bis zu Ihrem Ende an der Pointhütte folgen. Eben weiter in den Talschluß und über mäßig steile Nordhänge bis knapp unter die düsteren Nordwände des Vorderer Wilden aufsteigen. Hier rechtshaltend empor bis man sich unter der Gamswanne befindet. Den extrem steilen, schrofigen Abbruch überwindet man am besten indem man ganz links durch eine Rinne emporsteigt, bis man über eine schrofige Rippe nach rechts in die Wanne queren kann. Durch die Gamswanne entweder direkt hinauf zum Gipfel (oben kurz extrem steil) oder (besser) die Wanne bereits nach knapp 100 Höhenmeter nach links über, meist problemlos zu überwindenden Schrofen (wenige Meter zu Fuß) verlassen und über den meist flachen Nordostrücken empor zum Gipfel.
Abfahrt	Vom Gipfel natürlich direkt durch die Wanne, ansonsten wie Aufstieg oder auf Route 5.5 ins Oytal.

7.8 Aufstieg zum Prinz-Luitpold-Haus 1846 m

Das Prinz-Luitpold-Haus ist ein idealer Stützpunkt für eine Reihe oft überraschend einfacher Skiberge. Der Hüttenaufstieg führt allerdings über zwei in schneearmen Wintern unangenehme Geländestufen.

Schwierigkeit	2-3
Höhenunterschied	ca. 800 m.
Ausgangspunkt	Hinterstein/Giebelhaus
Charakter	Talanstieg, dann, nordwestseitig mäßig steil bis steil, kurze Stellen sehr steil.
Aufstieg	Vom Giebelhaus auf der Fahrstraße zunächst auf der linken Talseite ins Bärgündletal. Auf der Straße bis etwa 200 vor der Talstation der Materialseilbahn. Hier quert man in den Talgrund zur Brücke P. 1203 m. Durch steilen Wald stets bis zu 300 Meter rechts, (südlich) vom Sommerweg empor bis auf 1300 m Höhe. Hier nach links hinüber zur Unteren Bärgündlealpe. Oder (etwas weiter, aber leichter zu finden) man bleibt auf der Fahrstraße bis zur Pointhütte und quert das hier flache und weite Tal in einem großem Linksbogen und gelangt so zur Unteren Bärgündlealpe. Nun genau dem Sommerweg folgend über eine weitere Steilstufe empor. Weiter durch eine große Wanne empor (ein Felsriegel wird links umgangen) bis auf 1700 m Höhe , dann rechtshaltend empor zur Hütte.

7. Hinteres Ostrachtal

7.9 Glasfelderkopf 2270 m, Kesselspitze 2284 m

Diese beiden Berge bieten jeweils kurze, relativ leichte Spritztouren vom Prinz-Luitpold-Haus Haus. Der Glasfelderkopf wartet zudem noch eine rassige Steilabfahrt nach Südwesten auf, die allerdings sehr sicheren Skifahrern vorbehalten bleibt.

7.9.1 Aufstieg zum Glasfelderkopf

Schwierigkeit 1 ab Prinz-Luitpold-Haus.
Höhenunterschied Ab ca. 430 m ab Prinz-Luitpold-Haus.
Ausgangspunkt Hinterstein/Giebelhaus
Charakter Südseitig, flach bis mäßig ab Prinz-Luitpold Haus.
Aufstieg Von der Hütte nach Norden durch eine langezogene Mulde flach bis mäßig steil empor in die Bockkarscharte und noch etwas weiter bis an den felsigen Gipfelbau heran. Hier Skidepot. Nun über leichte Schrofen hinauf zum Grat und diesem zum Schluß etwas ausgesetzt nach rechts zum Gipfel folgen.

7.9.2 Aufstieg zur Kesselspitze

Schwierigkeit 2 ab Prinz-Luitpold-Haus.
Höhenunterschied ca. 450 ab Prinz-Luitpold Haus.
Ausgangspunkt Hinterstein/Giebelhaus
Charakter Süd- und westseitig flach bis steil.
Aufstieg Von der Hütte nach Norden durch eine langezogene Mulde flach bis mäßig steil empor in Richtung Bockkarscharte. Man verläßt die Mulde knapp 100 Höhenmeter unter dieser und steigt rechts über Westhänge, zuletzt durch eine steile Rinne in eine Scharte im Südgrat des Gipfels oberhalb des wild zerscharteten unteren Gratteiles. Man überschreitet die Scharte nach Osten (Ski kurzzeitig tragen) und erreicht den Gipfel über seinen Südhang.
Abfahrt Wie Aufstieg oder

7. Hinteres Ostrachtal

7.9.3 Abfahrt über die Südwestflanke des Glasfelderkopfes
Von Kesselspitze und Glasfelderkopf.

Schwierigkeit 4
Charakter Südwestseitig sehr bis extrem steil.

Man quert auf den vom Glasfelderkopf bis zum Prinz-Luitpold-Haus ziehenden Felsgrat, der auf etwa 2100 m Höhe eine Lücke aufweist. Durch diese Lücke hindurch und über die zum Teil bis 40 Grad steilen Südwesthänge des Glasfelderkopfes hinab in Richtung Obere Bärgündle Alpe. Dabei wird eine Steilstufe linkshaltend durch steile Rinnen umfahren.

7. Hinteres Ostrachtal

7.10 Kreuzkopf 2287 m
Weittalkopf (Punkt 2289 m)

Idealgeneigte nordseitige Mulden, in denen sich der Pulver meist lange hält, ziehen zu diesen Gipfel empor. Die letzten Meter müssen jeweils zu Fuß überwunden werden. Wie die Abfahrt von Kreuzkopf bei guten Verhältnissen aussehen soll, zeigt das Foto auf der vorhergehenden Seite.

Schwierigkeit 2 ab Prinz-Luitpold-Haus.
Höhenunterschied Je ca. 430 m vom Prinz-Luitpold-Haus.
Ausgangspunkt Hinterstein/Giebelhaus
Charakter Nordseitig, mäßig steil bis steil.

7.10.1 Aufstieg zum Kreuzkopf

Von der Hütte nach kurzer Linksquerung durch schöne nordseitige Mulden empor bis man zuletzt rechtshaltend und kurzzeitig steil die Scharte zwischen Punkt 2289 und dem Kreuzkopf erreicht. Über dessen Ostrücken weiter zum Gipfel.

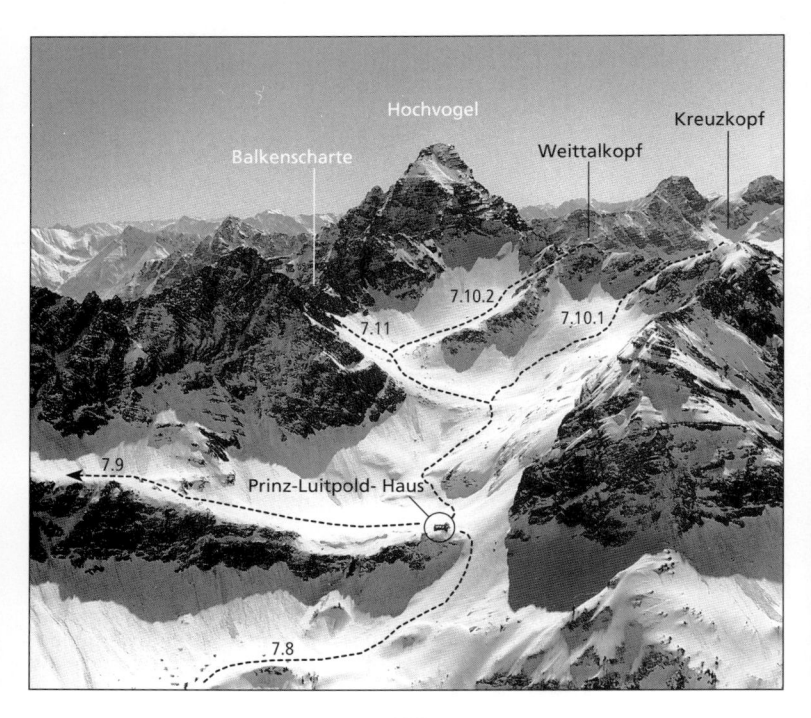

7. Hinteres Ostrachtal

7.10.2 Aufstieg zum Weittalkopf (P. 2289 m)

Von der Hütte nach kurzer Linksquerung durch schöne nordseitige Mulden empor Richtung Kreuzspitze 2367 m. Das Kar unter deren Gipfel empor bis man nach rechts zum Gipfel des Weittalkopfes aufsteigen kann. Die letzten Meter zu Fuß über steile aber meist unschwierige Schrofen.

Abfahrt Wie Aufstieg.

7.11 Hochvogel 2592 m

Der Hochvogel ist eine der markantesten Berggestalten im Allgäu und überragt alle Berge der näheren Umgebung um gut 250 m. Während er im Sommer von zu den begehrtesten Gipfelzielen zählt, verirrt sich im Winter nur selten ein Skibergsteiger auf seinen Gipfel. Dies liegt sicher auch daran, daß es keine makellose Abfahrt gibt und daß die letzten 300 Höhenmeter zu Fuß zurückgelegt werden müssen. Dabei sind Steigeisen und ein Eisgerät manchmal recht nützlich.

Schwierigkeit 3, KL (I gem. UIAA)
Höhenunterschied ca. 800 m vom Prinz-Luitpold-Haus.
Ausgangspunkt Hinterstein/Giebelhaus
Charakter Nordwest, nord-, und ostseitig mäßig bis sehr steil, Querungen, Gegenanstiege, längere Strecken zu Fuß
Aufstieg Von der Hütte nach kurzer Linksquerung durch schöne nordwestseitige Mulden empor zur der von einer Felsnadel zweigeteilten Balkenscharte. Beliebig links oder rechts an der Nadel vorbei auf die Ostseite des Grates. Anschließend werden die steilen Osthänge unter dem Nordgrat der Kreuzspitze nach Süden gequert um in das „Kalte Winkel" genannte Kar unterm Hochvogel zu gelangen. Dabei sind mehrere Felsrippen zu überwinden, was zwar nicht schwierig ist, jedoch recht mühsam und zeitraubend sein kann. Den Kalten Winkel hinauf in die „Kaltwinkelscharte zwischen Hochvogel und Kreuzspitze. Hier Skidepot. Über häufig vereiste, treppenartig gestufte Felsen steigt man etwa 100 Höhenmeter empor bis man auf einem überdachtem Band, der sogenannten Schnur zum Gipfelbau queren kann. Über meist freigewehte Geröllhänge unschwierig zum Gipfel.
Abfahrt Wie Aufstieg oder lohnender, aber länger.

7.11.1 Abfahrt nach Süden und über den Kreuzkopf zurück

Schwierigkeit 3
Höhenunterschied Zusätzlich mindestens 300 m. Gegenanstieg.
Charakter Inkl. Aufstieg alle Expositionen, bis sehr steil.
Abfahrt Man fährt von der Kaltwinkelscharte durch eine steile, enge Rinne nach Süden bis in ca. 2000 m Höhe ab bis man über mäßig steile Südhänge zum Kreuzkopf aufsteigen kann. Dort auf Tour 7.10.1 hinab zum Prinz-Luitpold-Haus.

7. Hinteres Ostrachtal

7.12 Erzbergtal

Etwa zwei Kilometer vor dem Giebelhaus mündet das Erzbergtal von Osten her ins Ostrachtal. In seinem Talschluß sind einige lohnende, kaum je begangene Skiberge versteckt. Leider hat die Sache auch einen Haken, nämlich den oftmals unangenehm vereisten Taleingang (Absturzgefahr). Ansonsten sind die Touren eher leicht. Im Hochwinter sollten die knapp 5 Stunden zwischen erstem und letztem Bus zum Giebelhaus für die einzelnen Touren reichen. Im Frühjahr ist wegen dem von Naßschneerutschen bedrohten Taleingang ein früher Aufbruch ratsam.

Schwierigkeit	3 (alle Touren)
Zugang	Von Hinterstein mit der Buslinie der Firma Wimmer & Wechs bis zur Bedarfshaltestelle „Hinterer Erzberghof"; knapp zwei Kilometer vor dem Giebelhaus gelegen kurz vor der Brücke über die Ostrach. Mit dem Fahrrad ab Hinterstein ca. 6 Kilometer.
Aufstieg	Stets auf der rechten Talseite entlang eines neu erbauten Alpweges unterm Roßkopf hindurch zum Mitterhof 1399 m. Der neue Alpweg erleichtert diesen Zustieg etwas, dennoch kann die Querung kurz vor dem Mitterhof wenn die zahlreichen zu querenden Bachläufe gefroren sind recht heikel sein. Bei hartem Schnee oder Vereisung dürfte ein Ausrutscher erst 100 Meter tiefer im Tobel des Erzbaches enden.

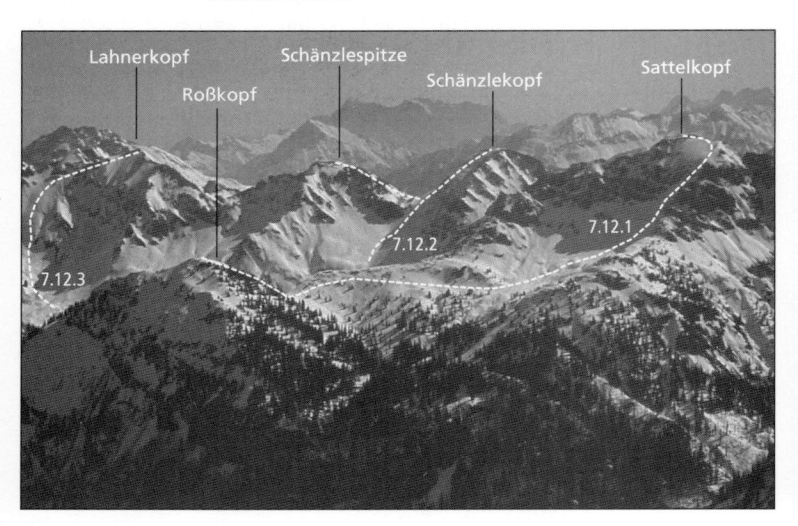

7. Hinteres Ostrachtal

7.12.1 Sattelkopf 2097 m, Roßkopf 1820 m

Die Tour zum Sattelkopf ist abwechslungsreich und steckt voller Überraschungen. Sogar ein kleiner Klettersteig wurde hier errichtet, der zu einem Nebengipfel, dem sogenannten Sattelköpfle führt. Der Roßkopf ist eine nette kurze Tour für sich oder eine kurze Zugabe nach oder vor dem Sattelkopf.

Schwierigkeit 3 (Westgratturm-Sattelköpfle KL)
Höhenunterschied ca. 1100 m.
Ausgangspunkt „Hinterer Erzberghof (ca. 2 Kilometer vom Giebelhaus talauswärts) siehe 7.12.
Charakter Alle Expositionen bis sehr steil.
Aufstieg Vom Mitterhof noch ca. 400 Meter talein dann nach rechts über ostseitig Hänge in den zwischen Roß- und Sattelkopf gelegenen Sattel. Über mäßig steile Osthänge rasch nach rechts empor zum Roßkopf. Zum Sattelkopf quert man eben an der Sattelhütte vorbei in das Kar direkt westlich seines Gipfels. Der Westgrat des Sattelkopfes ist im unteren Teil von zwei kühnen Felstürmen geziert. Der Aufstieg zum Gipfel führt in die Scharte zwischen dem flacheren Gipfelgrat und dem obersten Turm im Westgrat. Dazu steigt man aus dem Kar zunächst etwa 150 Höhenmeter in Richtung Gipfel auf und quert dann oberhalb von kleinen Felsabbrüchen hinüber in die Scharte. Weiter über den sich bald im Gipfelhang verlaufenden Grat empor zum Gipfel. Bei günstigen Verhältnissen alles mit Ski möglich. Der rechts der oben erwähnten Scharte aufragende Turm (auch Sattelköpfle genannt) läßt sich auf einen kurzen Klettersteig durch seine auch im Winter meist schneefreie Südwand erklettern.
Abfahrt Wie Aufstieg.

7.12.2 Schänzlekopf 2069 m und Schänzlespitze 2052 m

Von der Scharte zwischen beiden Gipfeln zieht ein makelloser Nordwesthang hinab zum Mitterhof. Die beiden Gipfel lassen sich von dieser Scharte unschwierig über oft freigewehte Hänge ersteigen. Außer dem Taleingang eine eher leichte Tour.

Schwierigkeit 3
Höhenunterschied ca. 1050 m .
Ausgangspunkt „Hinterer Erzberghof (ca. 2 Kilometer vom Giebelhaus talauswärts) siehe 7.12.
Charakter West-, nord- und ostseitig bis sehr steil.
Aufstieg Vom Mitterhof noch ein Stück talein, dann über einen idealgeneigten, 500 m hohen Nordwesthang in die Scharte zwischen Schänzlekopf und -spitze. Von dieser häufig zu Fuß empor zu den Gipfeln.

7. Hinteres Ostrachtal

7.12.3 Lahnerkopf 2121 m
Auch der höchste Gipfel im Erzberg bietet nette Abfahrten in einsamer Umgebung.

Schwierigkeit 3
Höhenunterschied ca. 1100 m.
Ausgangspunkt „Hinterer Erzberghof" (ca. 2 Kilometer vom Giebelhaus talauswärts) siehe 7.12.
Charakter Alle Expositionen, bis sehr steil.
Aufstieg Wenige Meter vor dem Mitterhof quert man leicht fallend hinab zum Erzbach und überschreitet diesen. Jenseits nach links über Südwesthänge hinauf zur Schienenhütte 1611 m und weiter über zunehmend steile Westhänge zum Nordgrat des Lahnerkopfes. Über diesen nach rechts, das letzte Stück zu Fuß hinauf zum Gipfel.
Abfahrt Wie Aufstieg oder über die Südostflanke steil hinab bis man auf ca. 1900 m Höhe unter Lahnerkopf und Schänzlespitze hindurchqueren kann um anschließend zur Scharte zwischen Schänzlekopf und Spitze aufzusteigen. (ca. 30 Höhenmeter Gegenanstieg) Über schöne Nordwesthänge hinab zum Mitterhof.

7. Hinteres Ostrachtal

7.12.4 Älpelekopf 2024 m

Dieser von Hinterstein recht markant wirkende Gipfel bietet eine rassige Firnabfahrt über 600 Höhenmeter, vom Gipfel bis zum Mitterhof. Wegen der steilen Grashänge achte man unbedingt auf sichere Verhältnisse. Oft gibt es hier schon im Hochwinter den besten Firn.

Schwierigkeit 3
Höhenunterschied ca. 1000 m.
Ausgangspunkt „Hinterer Erzberghof (ca. 2 Kilometer vom Giebelhaus talauswärts) siehe 7.12.
Charakter Alle Expositionen meist südwestseitig bis sehr steil
Aufstieg Wenige Meter vor dem Mitterhof quert man leicht fallend hinab zum Erzbach und überschreitet diesen. Jenseits nach links über Südwesthänge hinauf zur Schienenhütte 1611 m und weiter über zunehmend steile Süd bis Südwesthänge hinauf zum Gipfel.
Abfahrt Wie Aufstieg.

8. Vorderes Ostrachtal

Tourengebiet 8: Vorderes Ostrachtal

Die in diesem Kapitel vorgestellten Touren haben gegenüber den Touren im Hinteren Ostrachtal den Vorteil, daß der Ausgangspunkt meist bequem mit Kfz. oder Bus erreichbar ist. Trotzdem findet der Tourengeher hier meist unverspurte Hänge vor. Charakteristisch für dieses Gebiet ist nämlich, daß die Anstiege zunächst einmal durch steilen, dichten Wald führen, was besonders in schneearmen Wintern die Freude an der Abfahrt verderben kann. Kurz gesagt: Die Touren eignen sich eher für Gebietskenner die wissen, wann und wo gerade die richtigen Verhältnisse herrschen.

Zufahrt	Von Sonthofen auf der B 308 nach Hindelang weiter nach Hinterstein. Am Ortsende befindet sich ein großer gebührenpflichtiger Parkplatz.
Karten	Allgäuer Alpen vom Bayerischen Landesvermessungsamt 1: 50000 (alle Orts und Höhenangaben nach dieser Karte, oder Blatt 8528 Hinterstein 1: 25000 (sehr gut!).

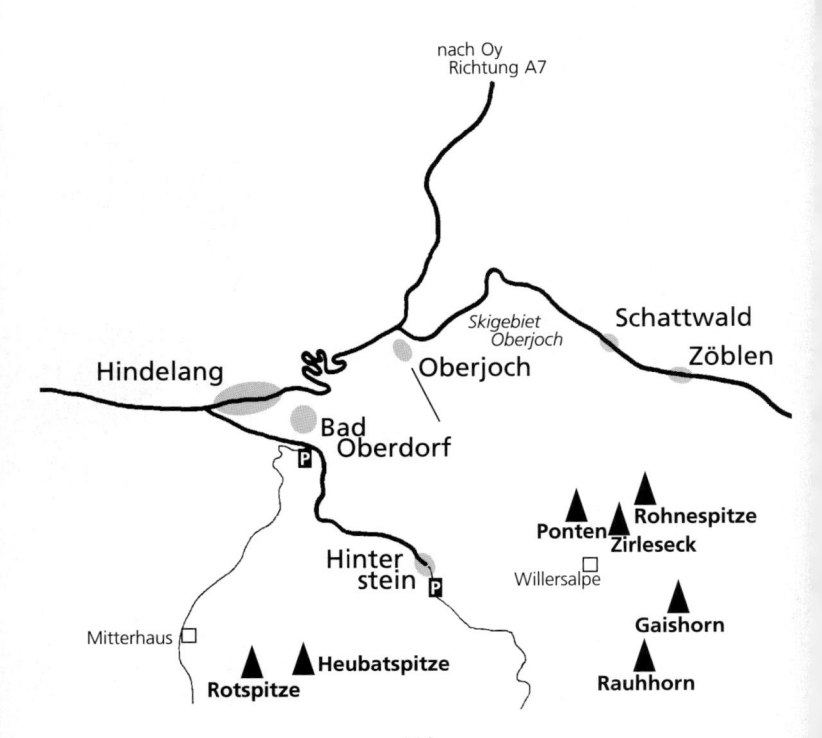

I THINK I CAN. I THINK I CAN. I THINK I CAN. I THINK I CAN... **I CAN.**

GENTIC

GORE-TEX

Guaranteed to keep you dry

Weitere Informationen unter Tel: 089 89 8058...
oder http://gwpgwld.compuserve.com/hompages/Gore...

ex ist eine eingetragene Marke der W.L. Gore & associates

8. Vorderes Ostrachtal

8.1 Rauhhorn 2240 m

Im oberen Teil bietet das Rauhhorn steile, baumfreie fast 700 hohe Nordhänge. Der Gipfelgrat fordert leichte Kletterei (I-II nach UIAA-Skala). Der untere Teil führt über eine steile Waldstufe, so daß sich die Tour nur bei sehr hoher Schneelage, oder wenn die Schneegrenze bei etwa 1300 m kurz vor der Willersalpe liegt, wirklich lohnt.

Schwierigkeit 3, KL
Höhenunterschied ca. 1400 m.
Ausgangspunkt Parkplatz am Ortsende von Hinterstein.
Charakter West- und nordseitig, längere Strecken sehr steil, Waldstufe + Kletterei.
Aufstieg Vom Parkplatz am Ortsende von Hinterstein stets dem Weg zur Willersalpe folgend in Ostrichtung über freie Weideflächen und dünnen Wald bis zum Willersbach Dieser wird überschritten. Jenseits über eine bei wenig Schnee unangenehme, steile Waldstufe in einen Talkessel mit der Willersalpe 1459 m. Von der Alpe nach rechts über oben immer steiler werdende Nordhänge hinauf, wobei man den oberen Teil des vom Gerenkopf 1898 m zum Rauhhorn ziehenden Grat ansteuert. Auf der Südwestseite dieses Grates in Richtung Gipfel bis ca. 2150 m Höhe. Hier Skidepot. Über den felsigen, z.T. mit Drahtseilen gesicherten Grat weiter zum Gipfel.
Abfahrt Wie Aufstieg oder auf Route 9. 14 zum Vilsalpsee.

8.2 Gaishorn 2247 m, Zirleseck 1872 m, Rohnenspitze 1990 m Ponten 2044 m

Alle diese Gipfel lassen sich gut im Rahmen einer Tour begehen, da der Höhenverlust von Gipfel zu Gipfel gering ist und die Gesamtausbeute somit auch den etwas unerquicklichen Aufstieg zur Willersalpe rechtfertigt. Dieser führt über eine steile Waldstufe, so daß die Touren am besten bei sehr hoher Schneelage begangen werden oder erst dann, wenn die Schneegrenze auf etwa 1300 m liegt.

Ausgangspunkt Parkplatz am Ortsende von Hinterstein
Aufstieg Vom Parkplatz am Ortsende von Hinterstein stets dem Weg zur Willersalpe folgend in Ostrichtung über freie Weideflächen und lichten Wald bis zum Willersbach. Dieser wird überschritten. Jenseits über eine bei wenig Schnee unangenehme, steile Waldstufe in einen Talkessel mit der Willersalpe 1459 m. Kurz hinter der Alpe über schöne mäßig steile bis steile Südwesthänge hinauf in den zwischen dem Zirleseck und dem Gaishorn gelegenen Sattel 1827 m.

8. Vorderes Ostrachtal

8.2.1 Weiter zum Gaishorn
Schwierigkeit 2 - 3 KL.
Höhenunterschied Von Hinterstein ca. 1400 m.
Charakter West-, südwest-, süd- und nordseitig meist mäßig steil, Waldstufe.
Aufstieg Über den zunächst sanften und breiten Nordgrat über das Zehrerköpfle bis der Grat in knapp 2000 M Höhe felsig wird. Hier Skidepot für alle die auf der Aufstiegsroute wieder abfahren. Ab hier in manchmal heikler Kletterei (I-II nach UIAA-Skala) über den Grat hinauf zum Gaiseck genannten Westgipfel 2212 m des Gaishorns. Unschwierig weiter über den Grat nach Osten zum Hauptgipfel.
Abfahrt Wie Aufstieg oder

8.2.1.1 Abfahrt über die Westflanke
Charakter Westseitig sehr steil bis extrem steil.
Bei sehr viel und sicherem Schnee durch die z.T. felsdurchsetzte Westflanke des Gaisecks direkt hinab zur Willersalpe oder auf Route 9. 6 nach Tannheim.

8.2.2 Weiter zum Zirleseck
Schwierigkeit 2
Höhenunterschied ca. 850 von Hinterstein.
Charakter West-, südwest- und südseitig, mäßig steil, Waldstufe.
Aufstieg Vom Sattel im einfachen Skigelände nach Norden.

8.2.3 Weiter zur Rohnenspitze
Schwierigkeit 2 KL
Höhenunterschied ca. 1.200 m von Hinterstein.
Charakter West-, südwest- und südseitig, meist mäßig steil, Waldstufe, ganz leichte Kraxlerei am Gipfelgrat.
Aufstieg Vom Sattel nach Norden über das Zirleseck hinweg und weiter auf und ab über den immer felsiger werdenden Grat zum Gipfelbau. Über meist freigewehte unschwierige Felsen das letzte Stück zu Fuß zum Gipfel.
Abfahrt Wie Aufstieg oder Auf Route 9. 5 nach Zöblen.

8.2.4 Weiter zum Ponten
Schwierigkeit 2
Höhenunterschied ca 1200 m von Hinterstein.
Charakter West-, südwest-, süd- bis steil, Waldstufe.
Vom Sattel je nach Verhältnissen auf oder knapp unterm Grat nach Westen bis unter dem Gipfelbau. Über kurze steile Schneerinnen empor zum Gipfel.
Abfahrt Wie Aufstieg oder auf Route 9.2 nach Schattwald. Direkt vom Gipfel durch eine steile südseitige Rinne hinab zur Willersalpe.

8. Vorderes Ostrachtal

8.3 Heubatspitze 2002 m

Die höchste Zwischenerhebung im dem von einen Klettersteig gezähmten Grat zwischen Breitenberg und Rotspitze ist zugleich auch die lohnendste Skitour von Hinterstein aus. Doch auch hier führt der untere Teil der Tour durch dichten, steilen Wald. Daher ist die Tour nur bei sehr hoher Schneelage sinnvoll oder man geht erst dann, wenn die Schneegrenze auf ca. 1200 m liegt.

Schwierigkeit 2
Höhenunterschied ca. 1150 m.
Ausgangspunkt Parkplatz am Ortsende von Hinterstein.
Charakter Nord-, nordost-, ost- bis südostseitig bis steil, Waldstufe
Aufstieg Vom Ortsende von Hinterstein auf der für Kfz gesperrten Straße etwa 1 Kilometer in Richtung taleinwärts in Richtung Giebelhaus bis rechts eine Brücke über die Ostrach führt. Jenseits ca. 300 m Strecke sanft empor bis ein kleiner Steg nach links über den Eckbach führt. Nun entlang des Sommerweges durch steilen nordseitigen Wald empor bis man in ca. 1300 m Höhe freies Gelände erreicht. Man quert oberhalb des Waldes nach rechts und erreicht leicht steigend die Eckalpe. Weiter taleinwärts bis man über mäßig steile bis steile Südosthänge direkt zum Gipfel aufsteigen kann.

8. Vorderes Ostrachtal

Abfahrt	Wie Aufstieg oder lohnender:

8.3.1 Abfahrt nach Norden

Charakter	Nord, nordostseitig mäßig steil bis steil, Stellen sehr steil Waldstufe.
Abfahrt	Entlang des Ostgrates hinab bis ca. 1850 m Höhe, Hier steil wenige Meter nach Norden hinab bis eine Rampe nach links in das Kar direkt unterm Gipfel leitet. Über schöne nordostseitige Hänge hinab zur Unteren Älpen Alpe 1313 m. Die baumfreien Weideflächen bis zu Ihren Ende in ca. 1150 m Höhe hinab. Ab hier durch unangenehmen steilen Wald hinab ans Ostrachufer. Sollte der Wald schneefrei sein benutzt man einen z.T. schon stark verwachsenen Jagdsteig.

8.4 Rotspitze 2033 m

Dieser formschöne Gipfel bietet leider keine makellosen Abfahrten. Als Zugabe zur Heubatspitze (Tour 8.3.) ist die Besteigung jedoch durchaus lohnend. Auch die Abfahrt über die oben sehr schöne Südflanke und weiter über die Haseneckalpen ins Retterschwanger Tal ist nicht alles...

Schwierigkeit	2
Höhenunterschied	ca. 1250 m.
Ausgangspunkt	Parkplatz am Ortsende von Hinterstein.
Charakter	Nord-, nordost-, südost- und südseitig bis steil, am Grat z.T. zu Fuß.
Aufstieg	Auf Route 8.3. auf die Heubatspitze und dem Grat nach Westen folgend zum Gipfel. Alle Hindernisse werden links (südlich) umgangen. Dabei sind etwa 50 m Höhenverlust in Kauf zu nehmen. Bei günstigen Verhältnissen alles mit Ski möglich.
Abfahrt	Am besten wie Aufstieg

8.5 Entschenkopf 2043 m

Der versteckt im hintersten Retterschwanger Tal gelegene Entschenkopf überrascht mit schönen, größtenteils waldfreien Skihängen. Bei entsprechender Routenwahl läßt sich sogar die Lawinengefahr auf ein Minimum reduzieren. Dafür hat die Tour einen anderen Haken, nämlich das lange flache Retterschwanger Tal. Deshalb lohnt sich die Tour nur dann, wenn man mit dem Fahrrad auf dem gut asphaltierten aber nicht geräumten Alpweg mindestens bis zum Mitterhaus oder besser zu der Alpe „Bei den Ställen" radeln kann. Die ideale Zeit ist also, wenn die Schneegrenze nordseitig auf etwa 1000-1100 m liegt.

Schwierigkeit	2
Höhenunterschied	ca. 1250 m.
Ausgangspunkt	Von Hindelang auf der Straße nach Hinterstein bis zum gebührenpflichtigen Parkplatz „Grüebplätzle" am südlichen Ortsende von Bad Oberdorf. Sparsame Menschen werden

8. Vorderes Ostrachtal

Entschenkopf

8.5.1
6.4

Charakter	hingegen völlig legal in der nur wenige Meter entfernten Hintersteiner Straße in Bad Oberdorf am Straßenrand parken. Langes Tal, dann nord-, ost- und südseitig. Mäßig steil bis steil.
Aufstieg	Mit dem Fahrrad auf dem gut asphaltierten und für Kfz. gesperrten Alpweg nach Süden ins Retterschwanger Tal am Mitterhaus vorbei bis zu den „Ställen" 1140 m. 8 Kilometer. Hier sollte, wenn sich die Tour lohnen soll, der Schnee beginnen. Von den Ställen nach rechts auf einem Steg über die Bsondrach und entlang des nun steileren Alpwegs zur Hinteren Entschenalpe (Im Wank) 1451. Hier nach rechts kurzzeitig durch lichten Wald über welliges Gelände stets südlich unterm Entschenrücken empor zum Gipfelbau. Dieser wird ganz rechts über seinen Nordostgrat (die letzten Meter zu Fuß) erstiegen.
Abfahrt	Wie Aufstieg oder lohnender.

8.5.1 Nach Norden auf der Aufstiegsroute zurück bis man nach links in eine ca. 1850 m hohe Einschartung im Entschenrücken queren kann. Über teils steile Nordhänge hinab bis man in ca. 1400m Höhe einen kleinen Talkessel „ Kohlplatz" erreicht. Bei der weiteren Abfahrt bleibt man auf der rechten Talseite und fährt hier über Waldlichtungen zur Brücke knapp südlich der „Ställen" ab.

BERGSPORT MAXI

MAXI KLAUS · HUBERT SAUTER
FISCHERSTEIGE 5 · 87435 KEMPTEN
TELEFON 0831 - 5209557 · FAX 0831 - 5209558

Tourengebiet 9: Tannheimer Tal

Das durchschnittlich 1100 m hoch gelegene Tannheimer Tal wird zurecht von vielen Skitourengeher besucht. Grund dafür sind eine Reihe von nicht zu langen, meist nordseitigen Touren und natürlich auch die Tatsache, daß alle Ausgangspunkte bequem mit dem Kfz. oder dem Bus erreichbar sind. Einige Aufstiege können durch Lifthilfe verkürzt werden.

Zufahrt Von Sonthofen über die B 308 über Hindelang und Oberjoch ins Tannheimer Tal oder von Kempten auf der A 7 bis zur Ausfahrt Oy-Mittelberg von hier auf der B 310 nach Oberjoch und links über die B 308 ins Tannheimer Tal.

Karten Allgäuer Alpen UK L8 vom Bayerischen Landesvermessungsamt, alle Orts und Höhenangaben sind nach dieser Karte. Leider ist diese Karte auf österreichischem Staatsgebiet mangelhaft, so daß ich zusätzlich die Zumsteinkarte Nr. 7 (Tannheimer Tal) 1:25000 empfehle, die bezüglich Forststraßen, Parkplätzen und Zufahrten sehr aktuell ist. Teilweise ist das Gebiet auch noch auf der österreichischen topographischen Karte Blatt 84 Holzgau 1:25000 dargestellt (die einzige mit brauchbarer Geländezeichnung).

Übernachtung Das Haus Schattwald (DAV Sektion Geislingen/Steige) bietet preiswerte Übernachtungsmöglichkeiten für Selbstversorger im Tal an. Anmeldungen nur über die Sektion unter Telefon 0049/0731/77884 (mit Sondervorwahl) möglich. Das Haus ist mit Kfz. erreichbar. Die Landsberger Hütte (DAV Sektion Landsberg) ist im Winter nicht bewirtschaftet. Es steht aber ein mit AV-Schlüssel zugänglicher Winterraum zur Verfügung. Der Zugang zur Hütte wird als Tour 9.11 beschrieben.

9. Tannheimer Tal

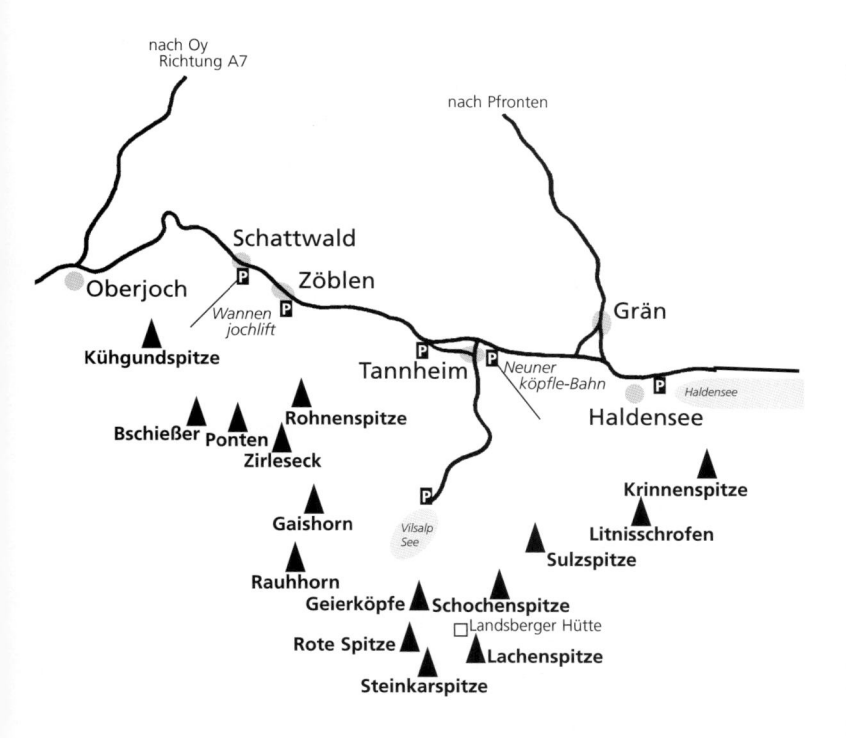

9. Tannheimer Tal

9.1 Kühgundkopf 1907 m (Wannenjoch)

Der Kühgundkopf ist eine breiter Rücken mit schönen südostseitigen Skihängen. Nach Norden bricht er mit steilen Schrofenflanken zum Oberjoch hin ab. Seine Besteigung ist eine schöne Anfängertour.

Schwierigkeit 1
Höhenunterschied ca. 850 m.
Ausgangspunkt Talstation der Wannenjochbahn am Ortseingang von Schattwald (Großer Parkplatz).
Charakter Ost, und südostseitig, mäßig steil.
Aufstieg Mit der Wannenjochbahn oder aus eigener Kraft über die Piste zu deren Bergstation. Nun über mäßig steile, z. Teil mit Latschen bewachsenen Osthänge hinauf zum Grat. Diesem folgend immer flacher zum höchsten Punkt.
Abfahrt Bei Lawinengefahr nur auf der Aufstiegsroute ansonsten über die Südosthänge hinab zur Oberen Stuibenalpe und durch ostseitige Wannen hinab zur Unteren Stuibenalpe. Ab hier auf der Piste hinab nach Schattwald.

9.2 Ponten 2044 m

Kaum eine Skitour im Allgäu wird so häufig begangen wie der Ponten von Norden. Die Gründe liegen klar auf der Hand: Eine zügige Abfahrt ohne Waldstufen, Flachstücke und extremen Steilabsätzen, leicht zu erreichen und ein nicht zu langer Aufstieg. Die Tour wird fast den ganzen Winter über täglich begangen, obwohl auch diese Tour von Lawinen bedroht werden kann.

Schwierigkeit 2
Höhenunterschied ca. 1000 m.
Ausgangspunkt Talstation der Wannenjochbahn am Ortseingang von Schattwald (Großer Parkplatz).

9. Tannheimer Tal

Charakter	Nord- und nordwestseitig, meist mäßig steil, längere Passage steil.
Aufstieg	Am südlichen Ende des Parkplatzes nach links über eine Brücke und über die Piste hinauf (bei einer Gabelung rechtshaltend) zur Mittleren Stuibenalpe 1403 m. Oder auch entlang des Sommerweges immer links oberhalb des Baches bis die Skipiste kurz vor der Mittleren Stuibenalpe erreicht ist. Nun stets durch das große nordseitige Kar (genannt „Güntle") zwischen Ponten und Bschießer hinauf bis zum Verbindungsgrat zwischen den beiden Gipfeln. Nach links über den Südwestgrat auf den Ponten. (Die letzten Meter zu Fuß).
Abfahrt	Wie Aufstieg.

9.3 Bschießer 2000 m

Dieser zwischen Ponten und Kühgundkopf gelegene Gipfel ist als Skitourenberg weniger ideal. Zwar ziehen einige schöne nordostseitige Mulden zu seinem Nordgrat empor, doch ist der Weiterweg über die Nordwestflanke derart den Stürmen ausgesetzt, daß es hier fast nie eine geschlossene Schneedecke gibt. Von Osten läßt sich der Gipfel jedoch über einen kurzen Steilhang erreichen. So richtig lohnend wird der Bschießer jedoch dann, wenn man eine Skitour mit der Klettertour über die Südkante verbindet (Details siehe „Kletterführer Allgäu", erschienen im Panico-Alpinverlag).

Schwierigkeit	3
Höhenunterschied	ca. 950 m.
Ausgangspunkt	Talstation der Wannenjochbahn am Ortseingang von Schattwald (Großer Parkplatz).
Charakter	Nord- und ostseitig, meist mäßig steil, kurze Stellen bis extrem steil.
Aufstieg	Am südlichen Ende des Parkplatzes nach links über eine Brücke und über die Piste hinauf (bei einer Gabelung rechtshaltend) zur Mittleren Stuibenalpe 1403 m. Oder entlang des Sommerweges immer links oberhalb des Baches bis die Skipiste kurz vor der Mittleren Stuibenalpe erreicht ist. Nun stets durch das große nordseitige Kar (genannt Güntle) zwischen Ponten und Bschießer hinauf bis zum Verbindungsgrat zwischen den beiden Gipfeln. Über den Grat nach rechts bis unter die Ostflanke (von hier ist der Einstieg zur Südkante in etwa 5 Minuten zu Fuß erreichbar). Durch kurzzeitig sehr steile Rinnen durch die Flanke empor zum Gipfel.
Abfahrt	Wie Aufstieg.

9. Tannheimer Tal

9.4 Zirleseck 1872 m

Das Zirleseck läßt sich von Norden aus dem Pontenkar im Rahmen einer kurzen und eher problemlosen Skitour besteigen. Aber auch hier achte man auf sichere Verhältnisse. Die Tour läßt sich gut mit Ponten oder Rohnenspitze verbinden (Vergleiche auch 8.2).

Schwierigkeit 2
Höhenunterschied ca. 800 m.
Ausgangspunkt Parkplatz an den Rohnenliften am Ortseingang von Zöblen.
Charakter Nord- und nordwestseitig, meist mäßig steil, Stelle steil
Aufstieg Auf dem rechten Pistenrand ca. 300 Höhenmeter empor, bis die Piste flach nach links zur Bergstation führt. Hier quert man flach durch lichten Wald ins Pontental. Nun Im Talgrund empor, eine Steilstufe wird links in der Westflanke der Rohnenspitze überwunden, dann flacher empor zum schwach ausgeprägten Gipfel.
Abfahrt Wie Aufstieg.

9.5 Rohnenspitze 1990 m

Dieser Gipfel ist eine bei gutem Schnee recht lohnende, rassige Spritztour von Zöblen aus. Die Abfahrt über die steile Nordflanke ist nicht schwierig, verlangt jedoch sehr sichere Verhältnisse. Etwas flacher ist die Abfahrt übers Zirleseck (9.4)

Schwierigkeit 2 , Nordabfahrt 3
Höhenunterschied ca. 920 m.
Ausgangspunkt Parkplatz-Rohnenlifte am Ortseingang von Zöblen.
Charakter Nord- und nordwestseitig, meist mäßig steil, eine Stelle steil. Nordabfahrt steil bis sehr steil.
Aufstieg Auf dem rechten Pistenrand ca. 300 Höhenmeter empor, bis die Piste flach nach links zur Bergstation führt. Hier quert man flach durch lichten Wald ins Pontental. Nun Im Talgrund empor, eine Steilstufe wird links in der Westflanke der Rohnenspitze überwunden, dann flacher empor zum Zirleseck Zu Fuß über den leichten felsigen Südgrat zum Gipfel oder am Beginn der Querung ins Pontental über einen kurzen, z.T. mit Büschen bewachsenen Steilhang empor zum Nordwestrücken. Über diesen Rücken weiter empor zum Gipfel, wobei man im oberen, fast immer freigewehten Teil nach links ausweicht.
Abfahrt Auf Route 9.4 oder

9.5.1 Abfahrt nach Norden

Abfahrt Vom Gipfel wenige Meter durch eine Mulde nach Osten, dann über den steilen Nordhang. Einer latschenbewachsenen Stufe in ca. 1400 m Höhe weicht man linkshaltend aus. Über die Piste oder rechts daneben im Tiefschnee hinab zum Parkplatz.

9. Tannheimer Tal

9.6 Gaishorn 2247 m

Die Tour zum Gaishorn war einst ein Klassiker fürs Frühjahr, heute wird es den ganzen Winter sehr häufig bestiegen und dabei gerne unterschätzt. Der gut 35 Grad steile nordseitige Gipfelhang ist häufig unangenehm vereist. Es ist haarsträubend, wie rasch sich die ersten Wagemutigen auch nach starken Neuschneefällen wieder in diesen Hang wagen. Nach wie vor jedoch eine sehr empfehlenswerte Tour.

Schwierigkeit 2-3
Höhenunterschied ca. 1150 m.
Ausgangspunkt Parkplatz am westlichen Ortsrand von Tannheim
Charakter Nordseitig, flach bis mäßig steil, Gipfelhang sehr steil

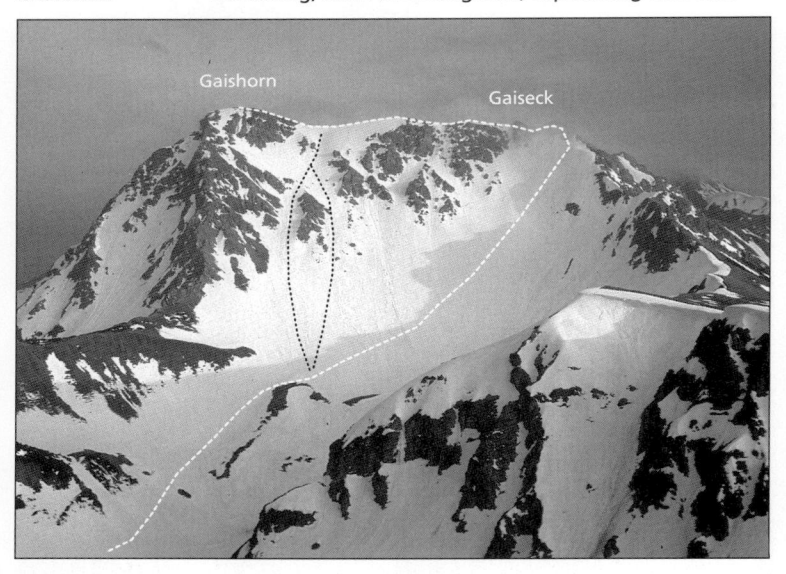

Aufstieg Am Ortsteil „Wiesle" vorbei zu einer Forststraße, die sehr flach durch lichten Wald durch ein Tal zum Älpele 1526 m. führt. Rascher geht es wenn man entlang des Fußweges aufsteigt. Bei beiden Möglichkeiten hält man sich an die linke, östliche Talseite. Vom Älpele 1526 im Talkessel in einem großen Linksbogen bis unter den Nordhang des Gaishorns. Diesen hinauf, wobei man am bestem das an seinem rechten, westlichen Ende gelegene Gaiseck 2212 m. ansteuert. (Hier eventuell Skidepot). Über den ca. 500 Meter langen Gipfelgrat nach Osten zum Gipfel.

Abfahrt Wie Aufstieg oder gleich von der Scharte unmittelbar westlich des Gipfels durch eine breite Rinne in den großen, steilen Nordhang einfahren. Oder:

9.6.1 Abfahrt zum Vilsalpsee

Schwierigkeit 3
Charakter Süd-, südost-, ostseitig – bis sehr steil.
Abfahrt Man verläßt den Gipfelgrat am westlichen Ende im Bereich des Gaisecks um durch die steile teilweise felsdurchsetzte Südflanke in das nordöstlich des Rauhhorns eingelagerte Kar abzufahren. Durch schönes meist steiles Skigelände nach Osten hinab zur Vilsalpe und am Ufer des Vilsalpsees vor zum Gasthof mit Parkplatz und Bushaltestelle. Die beste Abfahrtsroute sollte man sich vorher vom Gipfel aus gut einprägen. Vergleiche auch Tour 9.14 (Rauhhorn vom Vilsalpsee).

9.7 Sulzspitze 2084 m

Auch die Sulzspitze zählt zu den Modetouren. Dabei bietet nur die obere Hälfte der Tour wirklich schönes Skigelände, der untere Teil der Tour führt über eine Forststraße. Diesen Teil kann man sich jedoch ersparen, wenn man die Tour vom Neunerköpfle beginnt. Der teilweise über 30 Grad steile nordostseitige Gipfelbau sollte nicht zu früh nach Neuschneefällen begangen werden.

9.7.1 Aufstieg von Haldensee

Schwierigkeit 2
Höhenunterschied ca. 950.
Ausgangspunkt Parkplatz am östlichen Ortsrand von Haldensee direkt am See.

9. Tannheimer Tal

Charakter	Talanstieg, dann nord-, nordost- und ostseitig bis steil.
Aufstieg	Der scharf eingeschnittene Taleingang wird an der linken, östlichen Talseite auf einer Forststraße mittels einer großen Kehre überwunden. Auf dieser Forststraße weiter, auf ca. 1350 m Höhe die Talseite wechseln, an der Edenbachalpe 1405 m. vorbei in den Talschluß. Weiter entlang der Straße über eine Steilstufe, zum Schluß über schönes Skigelände zur Strindenscharte. Über steile Osthänge zum Schluß rechts ausweichend empor zum Gipfel.
Abfahrt	Wie Aufstieg.

9.7.2 Aufstieg vom Neunerköpfle

Schwierigkeit	2
Höhenunterschied	minimal 400 m
Ausgangspunkt	Talstation der Neunerköpflebahn am östlichen Ortsrand von Tannheim-
Charakter	Alle Expositionen, mäßig steil bis steil, Querungen, Gegenanstiege.
Aufstieg	Von der Bergstation der Neunerköpflebahn steil empor über den Nordgrat des Neunerköpfles auf dessen Gipfel. Nun folgt man dem breiten Grat weiter mit mehrmaligen geringen Höhenverlusten nach Süden, dabei wird der Gipfel des Vogelhörnles 1882 m rechts, westlich umgangen. Dort wo der Grat steil zu einem in der BLV Karte namenlosen Gipfel aufsteigt, fährt man links über mäßig steile Osthänge bis zur Waldgrenze ab. Danach quert man leicht steigend entlang der Trasse einer Forststraße in südlicher Richtung an der Oberen Strindenalpe vorbei bis man etwa 100 Höhenmeter unter der Strindenscharte den Aufstieg 9.7.1 erreicht hat. Weiter wie dort. Diese Route läßt zahlreiche Varianten zu.

9.8 Litnisschrofen 2069 m

Der von allen Seiten felsige und schrofige Litnisschrofen läßt sich mit etwas Gespür für die richtige Route gut mit Ski besteigen. Es gibt zwar keine ideale Abfahrt, jedoch ist diese Tour eine reizvolle Alternative zur der oft überlaufenen Sulzspitze.

Schwierigkeit	2
Höhenunterschied	ca.940 m.
Ausgangspunkt	Parkplatz am östlichen Ortsrand von Haldensee direkt am See.
Charakter	alle Expositionen, meist mäßig steil, zum Teil durch Wald.
Aufstieg	Der scharf eingeschnittene Taleingang wird an der linken, östlichen Talseite auf einer Forststraße mittels einer großen Kehre überwunden. In ca. 1310 m teilt sich die

Straße. Man wählt die Linke und folgt ihr bis zu ihrem Ende bei einer kleinen Hütte. Hier ca. 20 Höhenmeter links hinauf, dann stets auf der linken Talseite durch meist bewaldete Südhänge einem bei viel Schnee schwer kenntlichen Fußweg folgenden in den Kessel westlich unter der Krinnenspitze und unterhalb der Nesselwängler Ödenalpe. Dieser Weg sollte unbedingt gefunden werden, soll die Tour nicht im Unterholz und Windbruch enden. Aus dem Kessel rechtshaltend um den Nordostgrat des Litnisschrofen herum in die Südostseite des Gipfels. Man quert steigend durch die Südosthänge nach Südwesten bis eine Rinne in eine Scharte knapp südwestlich des Gipfels zum Grat emporzieht. Durch diese Rinne hinauf zum Grat und nach rechts zum Gipfel (Die letzten Meter zu Fuß).

Abfahrt Wie Aufstieg.

9.9 Krinnenspitze 2000 m

Ähnlich wie der südlich benachbarte Litnisschrofen bietet die Krinnenspitze keine Idealabfahrt. Aber gerade wenn man wegen möglicher Schneebrettgefahr die Sulzspitze meiden will, ist die Krinnenspitze eine etwas ungefährlichere Alternative. Der Gipfel befindet sich ganz knapp außerhalb der BLV Karte Allgäuer Alpen.

Schwierigkeit 2
Höhenunterschied ca. 875 m
Ausgangspunkt Parkplatz am östlichen Ortsrand von Haldensee direkt am See.
Charakter West und südwestseitig, meist mäßig steil zum Teil durch Wald.
Aufstieg Der scharf eingeschnittene Taleingang wird an der linken, östlichen Talseite auf einer Forststraße mittels einer großen Kehre überwunden. In ca. 1310 m teilt sich die Straße. Man wählt die Linke und folgt ihr bis zu ihrem Ende bei einer kleinen Hütte. Hier ca. 20 Höhenmeter links hinauf, dann stets auf der linken Talseite durch meist bewaldete Südhänge einem bei viel Schnee schwer kenntlichen Fußweg folgenden in den Kessel westlich unter der Krinnenspitze und unterhalb der Nesselwängler Ödenalpe. Dieser Weg sollte unbedingt gefunden werden, soll die Tour nicht im Unterholz und Windbruch enden. Aus dem Kessel steigt man in östlicher Richtung empor zum schwach ausgeprägten Südgrat der Krinnenspitze. Über diesen Grat oder links daneben in der Südwestflanke mäßig steil empor zum Gipfel.
Abfahrt Wie Aufstieg.

9. Tannheimer Tal

9.10 Schochenspitze 2069 m

Die südwestlich der Sulzspitze gelegene Schochenspitze bietet idealgeneigte Nordosthänge. Wer sich dieses Vergnügen gönnen will, muß allerdings einen Gegenanstieg in Kauf nehmen. Die Tour eignet sich zudem gut als Zugabe zur Sulzspitze oder als Zustieg zur Landsberger Hütte.

Schwierigkeit	2
Höhenunterschied	ca. 950 m (Minimum).
Ausgangspunkt	Parkplatz am östlichen Ortsrand von Haldensee direkt am See.
Charakter	Talanstieg, nord süd und ostseitig, meist mäßig steil, kurze Stelle sehr steil, Querungen.
Aufstieg	Der scharf eingeschnittene Taleingang wird an der linken, östlichen Talseite auf einer Foststraße mittels einer großen Kehre überwunden. Auf dieser Forststraße weiter, auf ca. 1350 m Höhe die talseite wechseln, an der Ödenbachalpe vorbei in den Talschluß. Weiter entlang der Straße über eine Steilstufe, zum Schluß über schönes Skigelände zur Strindenscharte. Nun quert man durch die Südseite der Sulzspitze auf der Trasse der Forststraße in die Gappenfeldscharte und steigt in großem Linksbogen (zuletzt steil) in eine kleine Scharte in ca. 2000 m im Südostgrat der Schochenspitze auf. Über deren Südhang nach rechts rasch zum Gipfel.
Abfahrt	Wer nicht auf der Aufstiegsroute in die Gappenfeldscharte zurückschieben will, fährt von der kleinen Scharte im Südostgrat über mäßig steile Nordosthänge bis zur Waldgrenze ab und steigt anschließend von Süden her wieder zur Gappenfeldscharte auf. Ansonsten fährt man auf der Aufstiegsroute ab.

Ansicht von Westen

9. Tannheimer Tal

9.11 Landsberger Hütte 1805 m

Die auf einem Felsriegel hoch über dem Vilsalpsee gelegene Landsberger Hütte ist der Ausgangspunkt zu ein paar schönen, selten bestiegenen Skigipfeln. Dies liegt sicher daran, daß die Abfahrt von der Hütte zum Vilsalpsee durch eher skifeindliches Gelände führt. Wählt man jedoch als Abfahrt die Route 9.10 über die Schochenspitze lohnt sich der Besuch dieses Gebietes durchaus. Die Hütte verfügt über einen mit AV-Schlüssel zugänglichen Winterraum.

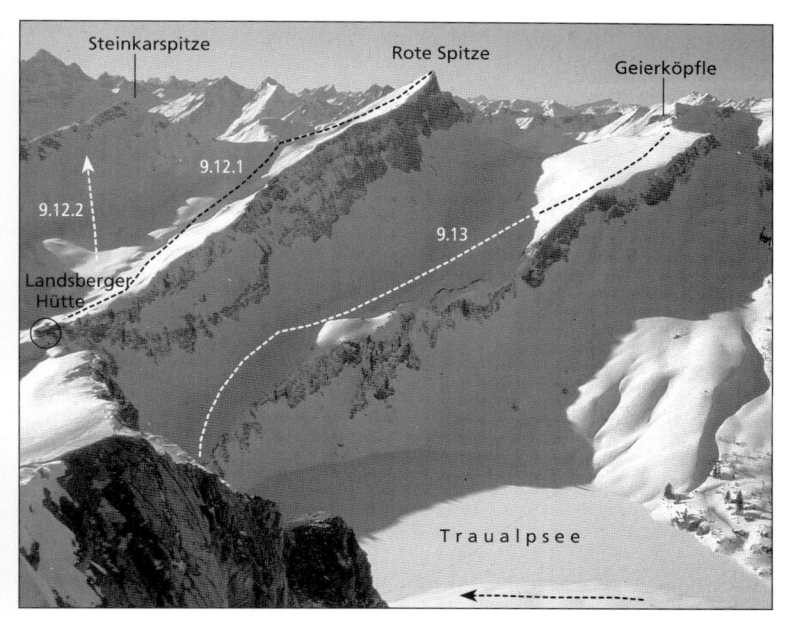

Schwierigkeit	2-3
Höhenunterschied	ca. 650 m.
Ausgangspunkt	Von Tannheim noch 4 Kilometer auf einer gut ausgebauten Straße zum Vilsalpsee 1165 m. Diese Zufahrt ist tagsüber von 10 bis 17 Uhr für den privaten Kfz.-Verkehr gesperrt. Wer später dran ist oder eine - überdies sehr empfehlenswerte - Rundtour plant, parke in Tannheim oder Haldensee und bediene sich der öffentlichen Verkehrsmittel. Da das Parken am Vilsalpsee sehr teuer ist, ist dies ohnehin die bessere Variante. Auskunft über die Busfahrpläne erteilt das Verkehrsamt Tannheim. Tel.: 0043/5675/62200.
Charakter	Nordseitig bis sehr steil, dazwischen Flachstücke und Wald

9. Tannheimer Tal

Aufstieg	Vom Parkplatz am Straßenende am linken Seeufer entlang. Nach einem knappen Kilometer zweigt links der Sommerweg zur Landsberger Hütte ab. Man folgt diesem Weg durch lichten Wald bis in einen kleinen Kessel. Die Steilstufe zum Traualpsee überwindet man indem man über einen Steilhang an der linken Talseite aufsteigt, bis man in knapp 1500 m Höhe steil nach rechts zum See aufsteigen kann. Flach am linken Seeufer entlang bis zur nächsten Steilstufe. Diese wird in Ihrer Mitte mit Hilfe von Drahtseilen überwunden, was je nach Schneeverhältnissen auch problematisch sein kann (Bei ungünstigen Verhältnissen Steigeisen und Pickel nötig) Nach der Steilstufe in wenigen Metern nach rechts zur Hütte.
Abfahrt	Am besten auf Route 9.10 über die Schochenspitze nach Haldensee.

9.12 Rote Spitze, Steinkarspitze, Lachenspitze, Schochenspitze

Diese vier den Kessel rund um die Hütte umgebenden Berge sind von der Hütte allesamt reizvolle kurze Spritztouren und sind wegen Ihrer schönen, leider zu kurzen Abfahrten allemal den Aufstieg zur Hütte wert.

Ausgangspunkt Vilsalpsee oder Haldensee (siehe 9.11 und 9.10).

9.12.1 Zur Roten Spitze 2131 m

Schwierigkeit	2 ab Landsberger Hütte.
Höhenunterschied	ca. 320 m ab Landsberger Hütte.
Charakter	Ost-, südost- und südseitig, flach bis steil ab Landsberger Hütte.
Aufstieg	Von der Hütte nach Westen über meist sanfte Hänge in den Sattel zwischen Steinkar und Roter Spitze. Über den Südgrat steil empor zum Gipfel.
Abfahrt	Knapp östlich des Südgrates durch steile ostseitige Mulden hinab, ansonsten wie Aufstieg.

9.12.2 Zur Steinkarspitze 2067 m

Schwierigkeit	2 ab Landsberger Hütte.
Höhenunterschied	ca. 260 m. ab Landsberger Hütte.
Charakter	Nord-, nordost- und südseitig, bis steil (ab Landsberger Hütte).
Aufstieg	Von der Landsberger Hütte anfangs flach nach Südwesten in die Scharte zwischen Lachen und Steinkarspitze. Knapp unter dem Ostgrat der Steinkarspitze empor, bis man von Süden zum Gipfel aufsteigen kann.
Abfahrt	Wie Aufstieg oder durch die kurze, steile z. T. felsdurchsetze Nordostflanke.

9. Tannheimer Tal

9.12.3 Zur Lachenspitze 2125 m
Schwierigkeit 2 -3 ab Landsberger Hütte.
Höhenunterschied ca. 320 m. ab Landsberger Hütte.
Charakter Nord- und südwestseitig, flach bis sehr steil ab Landsberger Hütte.
Aufstieg Von der Landsberger Hütte anfangs flach nach Südwesten in die Scharte zwischen Lachen und Steinkarspitze. Nun quert man nach links in die Südwestflanke bis in Gipfelfalllinie eine steile Rinne emporführt.
Abfahrt Wie Aufstieg.

9.12.4 Schochenspitze 2069 m
Schwierigkeit 2 ab Landsberger Hütte.
Höhenunterschied ca. 260 m. ab Landsberger Hütte.
Charakter West- und südwestseitig flach bis mäßig steil (ab Landsberger Hütte).
Aufstieg Von der Landsberger Hütte nach Osten hinab zur Lache und über mäßig steil Südwesthänge direkt zum Gipfel.
Abfahrt Wie Aufstieg, oder besser auf Route 9.10 nach Haldensee.

9.13 Geierköpfle ca. 2010 m

Dieser etwas abseitsgelegene Gipfel bietet sich als sehr lohnender Abstecher beim Aufstieg vom Vilsalpsee zur Landsberger Hütte an. Bei viel und sicherem Schnee auch als eigenständige Skitour vom Vilsalpsee.

Schwierigkeit 2-3 (wegen dem Zustieg).
Höhenunterschied ca. 850 m.
Ausgangspunkt Vilsalpsee (siehe 9.11)
Charakter Nord- und ostseitig bis steil.
Aufstieg Vom Parkplatz am Straßenende am linken Seeufer entlang. Nach einem knappen Kilometer zweigt links der Sommerweg zur Landsberger Hütte ab. Man folgt diesem Weg durch lichten Wald bis in einen kleinen Kessel. Die Steilstufe zum Traualpsee überwindet man indem man über einen Steilhang an der linken Talseite aufsteigt, bis man in knapp 1500 m Höhe steil nach rechts zum See aufsteigen kann. Flach am linken Seeufer entlang bis unter die nächsten Steilstufe. Hier nach rechts und über mäßig steile Osthänge direkt empor zum Gipfel.
Abfahrt Wie Aufstieg.
Achtung Der Traualpsee ist ein Stausee mit wechselndem Wasserstand, somit ist eine Abkürzung über den zugefrorenen See lebensgefährlich.

9. Tannheimer Tal

9.14 Rauhhorn 2240 m

Dieser scharf gezackte Felskamm bietet wohl die eindrucksvollste Skitour im Tannheimer Tal. Der Gipfelgrat fordert leichte Kletterei (I-II nach UIAA-Skala) und nicht selten muß vor Erreichen des Nordgrates eine gewaltige Wächte überwunden werden. Die steilen meist ost- bis nordost ausgerichteten Hänge erfordern zudem sehr sichere Verhältnisse. Wer sich die Mühe macht, etwas die Busfahrpläne zu studieren, dem sei auch die Überschreitung von oder nach Hinterstein (siehe Tour 8.1) ans Herz gelegt.

Schwierigkeit	3, KL (I-II nach UIAA-Skala)
Höhenunterschied	ca. 1100 m.
Zufahrt	Von Tannheim noch 4 Kilometer auf einer gut ausgebauten Straße zum Vilsalpsee 1165 m. Diese Zufahrt ist tagsüber von 10 bis 17 Uhr für den privaten Kfz-Verkehr gesperrt. Wer später dran ist oder eine Überschreitung plant parke in Tannheim, Hindelang oder Hinterstein und bediene sich der öffentlichen Verkehrsmittel. Da das Parken am Vilsalpsee sehr teuer ist, ist dies ohnehin die bessere Variante. Auskunft über die Busfahrpläne erteilt das Verkehrsamt Tannheim. Tel.: 0043/5675/62200.
Charakter	Meist ostseitig, steil bis kurzzeitig sehr steil.
Aufstieg	Vom Parkplatz am Straßenende am rechten Seeufer entlang zur Vilsalpe 1178 m. Bei hochwinterlicher Kälte natürlich auch direkt auf der Langlaufloipe über den zugefrorenen See. Kurz vor der Alpe rechts haltend durch langsam immer steiler werdendes, unten von Rinnen durchzogenes Gelände empor. Dabei steuert man den tiefsten Einschnitt 2055m zwischen Rauhhorn und dem Gaiseck an (auch Vordere Schafwanne genannt) Zuletzt sehr steil hinauf in die Scharte, wobei große nach Osten überhängende Wächten Probleme bereiten können. In flachen Westflanke des Nordgrates nach links bis etwa 2150 m empor.Hier spätestens Skidepot. Weiter in leichter Kletterei über den zum Schluß mit Drahtseilen versicherten Nordgrat zum Gipfel.
Abfahrt	Wie Aufstieg oder auf Route 8.1 nach Hinterstein.

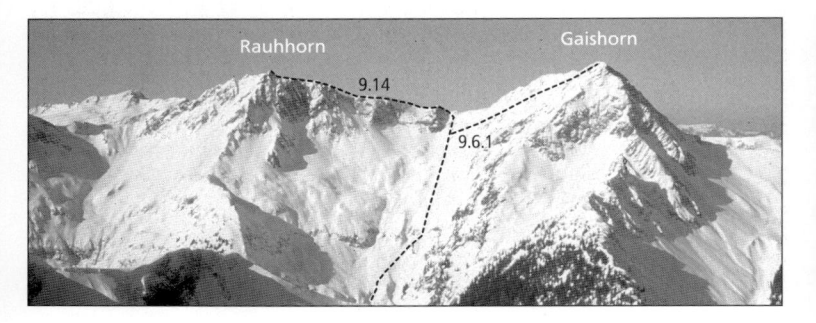

9. Tannheimer Tal

10. Östliche Vorberge

Tourengebiet 10: Östliche Vorberge

Die in diesem Kapitel beschriebenen Touren liegen weit verstreut in den östlich der Iller gelegenen Allgäuer Voralpen. Bis auf eine Ausnahme sind alle Touren als leicht zu betrachten und eignen sich auch für Anfänger, oder aber, wenn die Verhältnisse gerade keine hochalpinen Großtaten erlauben.

Karten Allgäuer Alpen UK L 8 1: 50000 und die Karten im Maßstab 1: 25000 Hindelang 8428, Immenstadt 8427, Oberstdorf 8527 vom Bayerischen Landesvermessungsamt.

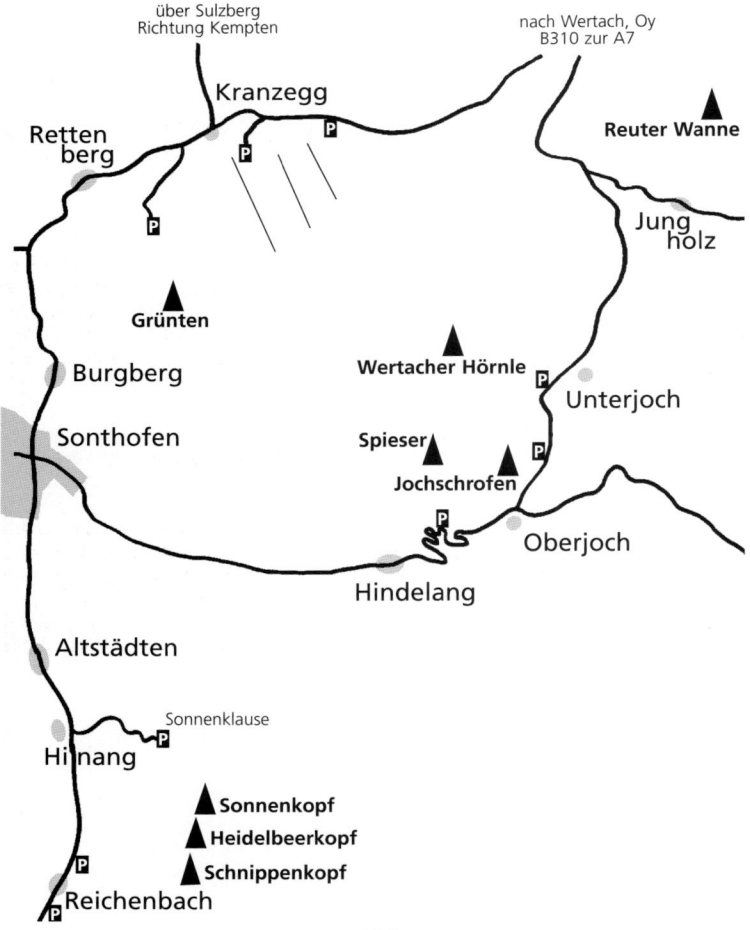

10. Östliche Vorberge

10.1 Reuter Wanne 1542 m

Dieser eher selten besuchte Berg bietet einen schönen, mäßig steilen, südwestseitigen Gipfelhang, ansonsten ist die Tour eher flach. Am lohnendsten bei frischem Pulverschnee.

Schwierigkeit 1
Höhenunterschied ca. 600 m.
Ausgangspunkt Auf der B 310 von Wertach in Richtung Oberjoch bis kurz nach einer schluchtartigen Talverengung die Straße nach Jungholz abzweigt. Hier parken.
Charakter West- bis südwestseitig, flach bis mäßig steil.
Aufstieg Entlang der flachen Forststraße in nordöstlicher Richtung empor bis zur Alpe „Untere Reuterwanne" ca. 1120 m. Nun steigt man genau in Ostrichtung unter Ausnützung von kleinen Waldlichtungen empor bis man den freien Gipfelhang der Reuterwanne erreicht. Über diesen oft freigewehten Hang direkt hinauf zum Gipfel.
Abfahrt Wie Aufstieg.

10.2 Wertacher Hörnle 1695 m

Das Wertacher Hörnle ist zusammen mit dem Sonnenkopf und dem Rangiswanger Horn wohl einer der beliebtesten Voralpengipfel im Allgäu. Daher ist der Aufstieg auch fast immer gespurt. Besonders häufig wird dieser Gipfel bei schlechtem Wetter und viel Neuschnee bestiegen, denn bei vorsichtiger Spuranlage dürften Lawinen so gut wie ausgeschlossen sein. Ideale Anfängertour.

Schwierigkeit 1
Höhenunterschied ca. 650 m.
Ausgangspunkt Unterjoch, Ortsteil Obergschwend an der B 310 von Wertach nach Oberjoch gelegen.
Charakter Süd und südostseitig, mäßig steil.
Aufstieg Von Obergschwend über freie sanfte bis mäßig steile Südhänge an der Buchelalpe vorbei hinauf bis ca. 1450 m (am Edelsberg). Nun durch ein flaches Waldstück zum Ostrücken und über diesen nach links zum Gipfel.
Abfahrt Wie Aufstieg oder direkt vom Gipfel über freie Südosthänge bis ca. 1500 m hinab. Hier etwa 500 m nach links (Osten) zur Aufstiegsroute queren.

10. Östliche Vorberge

10.3 Jochschrofen (richtigerweise Ornach) 1625 m

Die Abfahrt vom Ornach ist ein klein wenig steiler wie die vom Wertacher Hörnle und verlangt etwas Gespür für die richtige Route. Ansonsten eine nette Alternative oder Zugabe zum oft allzu überlaufenen Wertacher Hörnle.

Schwierigkeit 1
Höhenunterschied ca. 525 m
Ausgangspunkt Der kleine Parkplatz an der B 310 genau zwischen Ober- und Unterjoch der in der alten Ausgabe BLV Karte Allgäuer Alpen mit 1103 m Höhe vermessen wurde.
Charakter Ostseitige Waldschneisen, mäßig steil, bis steil.
Aufstieg Vom Parkplatz schräg rechtshaltend durch lichten Wald empor bis man die Waldschneisen erreicht hat, die an der Sennalpe 1232 m vorbei bis knapp unter den Ostgipfel führen. Über diese empor, zum Schluß kurz durch Wald zum Ostgipfel 1543 m. Über einen breiten Rücken nach Westen zum höchsten Punkt.
Abfahrt Wie Aufstieg.

10. Östliche Vorberge

10.4 Spieser 1651 m

Die Tour zum Spieser wird eher selten begangen, obwohl sie weder lang noch schwierig ist. Wegen der reinen Südlage gibt es hier jedoch nur während oder kurz nach Neuschneefällen idealen Schnee.

Schwierigkeit 1
Höhenunterschied ca. 650 m.
Ausgangspunkt Parkplatz am Beginn der Forststraße zur Hirschalpe an der B 308 zwischen Hindelang und Oberjoch gelegen.
Charakter Südseitig, flach bis mäßig steil.
Aufstieg Vom Parkplatz immer auf der nicht geräumten Forststraße empor bis zur Hirschalpe 1500 m. Hier quert man nach links um einen Rücken herum bis in einen kleinen Taleinschnitt. Über freie Südhänge empor zum Grat und nach links zum Spieser oder nach rechts zu dem auch Großer Hirschberg genannten P 1644 m.
Abfahrt Wie Aufstieg.

10.5 Sonnenkopf 1712 m, Heidelbeerkopf 1763 m

Kaum eine Skitour im Allgäu wird so häufig begangen wie der Sonnenkopf. Durch die unmittelbare Nähe der Kreisstadt Sonthofen wurde der Sonnenkopf zum idealen Traningsberg für ein paar Stunden Freizeit am Nachmittag oder auch für schlechte Verhältnisse. Bei vernünftiger Routenwahl dürften Lawinen fast ausgeschlossen sein. Die Abfahrt führt über freie westseitige mäßig steile Hänge und ist bis auf eine ganz kurze Waldstufe hindernislos. Wer den Sonnenkopf unverspurt vorfinden will, muß noch während des Schneefalls gehen und dabei zeitig aufbrechen. Die Abfahrt vom Heidelbeerkopf hingegen ist westseitig, steil und verlangt sichere Verhältnisse.

Schwierigkeit 1 bzw. 2 (Heidelbeerkopf).
Höhenunterschied Ab ca. 700 m.
Ausgangspunkt Berggasthof Sonnenklause ca. 1020 m, zu erreichen von Sonthofen über Altstädten Richtung Oberstdorf bis gegenüber von Hinang ein steiles Sträßchen nach links (Osten) zur Sonnenklause emporführt. Dieses Sträßchen ist bei Schneefall häufig nur mit Ketten befahrbar. Wer sich das Montieren dann ersparen will muß knapp 200 Höhenmeter mehr Aufstieg in Kauf nehmen.
Charakter Westseitig, mäßig steil Abfahrt vom Heidelbeerkopf bis sehr steil.
Aufstieg Von der Sonnenklause auf einer Forststraße etwa 200 m gerade empor dann nach links auf einer Brücke über einen kleinen Bach zum Fuß eines großen freien Hanges. Über diesen mäßig steil empor bis an sein rechtes oberes Ende. Durch eine kurze steile Waldschneise erreicht man eine langezogene Lichtung die zum Grat emporführt. Nun rechts, südlich über den breiten Grat zum Gipfel.
Abfahrt Wie Aufstieg.

10. Östliche Vorberge

10.5.1 Abfahrt über den Heidelbeerkopf 1767 m
Abfahrt (nur bei sicheren Verhältnissen).
Man folgt dem Grat vom Sonnenkopf weiter nach Süden um durch steilen, lichten Wald zum Heidelbeerkopf aufzusteigen. Über die Lichtungen der steilen Westrippe hinab zur Entschenalp und weiter rechtshaltend durch Wald und Wiesen flach zurück zur Sonnenklause. Wer nicht im Unterholz stecken bleiben will, studiere genau die Landkarte.

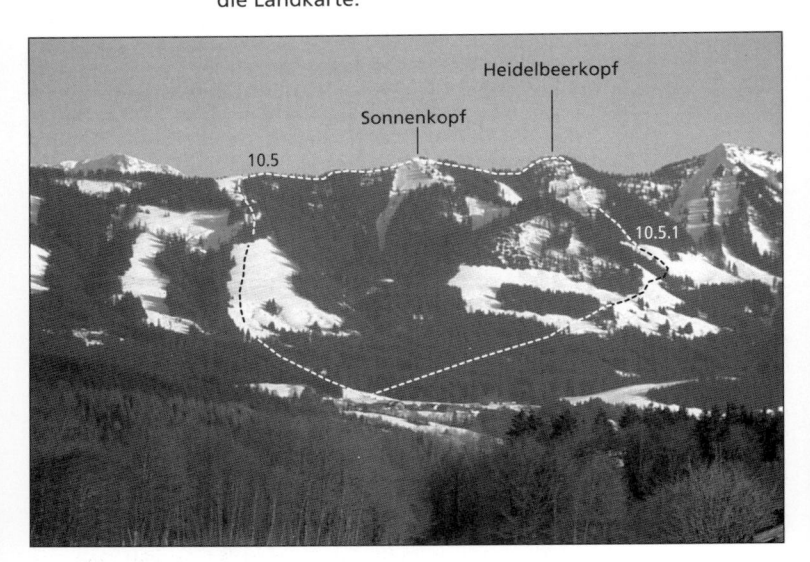

10.6 Schnippenkopf 1833 m

Auch der Schnippenkopf ist eine Tour die idealerweise bei frischem Neuschnee begangen wird. Bei Lawinenlage > 3 sind jedoch die zu querenden Steilhänge unterm Entschenkopf mit Argwohn zu betrachten. Wer sich nicht auf sinnlose Diskussionen über die Zerstörung von Alpwegen durch Skistockspitzen und Stahlkanten einlassen will, der mache um den Berggasthof Gaissalpe besser einen kleinen Bogen.

Schwierigkeit 2
Höhenunterschied ca. 1000 m.
Ausgangspunkt Parkplatz am Beginn der Forststraße zur Gaissalpe. Zu erreichen indem man in der Ortsmitte von Reichenbach (zwischen Sonthofen und Oberstdorf gelegen) - von Sonthofen kommend links- abbiegt.
Charakter Meist westseitig, mäßig steil, Varianten auch steiler

10. Östliche Vorberge

Aufstieg Auf der im Winter als Rodelbahn dienenden Forststraße empor zum Berggasthof Gaissalpe. Über einen freien Westhang hinauf bis zu seinem Ende. Hier kurz durch Wald nach rechts auf weitere freie Hänge, diese empor bis man in ca. 1450 m Höhe wieder nach links queren kann. Über freie Hänge zu einer dichten Waldstufe die entlang des Sommerweges in Fallinie der Falkenalpe überwunden wird. Von der Falkenalpe über den Südrücken zum Gipfel.

Abfahrt Nur bei Lawinengefahr wie Aufstieg ansonsten ab der Falkenalpe über Punkt 1709 nach Süden bis zum Nordgrat des Entschenkopfes. Nach einer kurzen Rechtsquerung in die Westflanke des Entschenkopfes über einen Steilhang hinab zur Richteralpe und weiter über Lichtungen und Waldstufen hinab zum Berggasthof Gaisalpe. Ab hier weiter wie beim Aufstieg oder (nur bei sehr viel Schnee) über Wiesen und Waldlichtungen nach Rubi.

10.7 Grünten 1738 m

Kommt man von Norden aus dem Flachland ist der Grünten der erste markante Allgäuer Gipfel. Während er von Süden her auch im Winter meist zu Fuß bestiegen wird, ist seine Nordseite bis wenige Meter unterm Gipfel mit Skiliften erschlossen. Als Skitourenziel ist er jedoch fast unbekannt, obwohl von seinem Gipfel eine fast 1000 m hohe Steilabfahrt nach Nordwesten hinab nach Wagneritz führt. Diese Abfahrt verlangt absolut sichere Verhältnisse und bleibt sehr guten Skifahrern vorbehalten. Vor der Abfahrt studiere man das Gelände aus der Gegend um Rettenberg. Ideal ist die Tour bei gut gesetztem Pulverschnee.

Schwierigkeit 3 (Abfahrt)
Höhenunterschied ca. 700 m Schwierigkeit.
Ausgangspunkt Parkplatz der Grüntenlifte. Zu erreichen indem man auf der Straße von Rettenberg nach Wertach in Kranzegg südlich abbiegt.
Charakter Aufstieg, nordwest, nord nordost meist flach kurz sehr steil.
Abfahrt: nordwestseitig sehr bis extrem steil.
Aufstieg Mit Lifthilfe oder Muskelkraft über die Pisten empor bis zum Ende des Skigebietes am Nordostrücken des Grüntens in gut 1600 m Höhe. Nun zuletzt sehr steil über den Nordostgrat zum Übelhorn genannten Hauptgipfel mit dem Jägerdenkmal.
Abfahrt Vom Gipfel wenige Meter entlang des Grates hinab zum Fernsehturm des Bayerischen Rundfunks. Nun über zum Teil sehr steile Nordwesthänge hinab bis auf ca. 1250 m Höhe Hier quert man nach rechts zur Kalkhofalpe 1210 m. von dort über nun deutlich flachere Hänge hinab nach Wagneritz 765 m.

11. Balderschwang

Tourengebiet 11: Balderschwang

Das etwas abseits gelegene Dörfchen Balderschwang ist der Ausgangspunkt für einige reizvolle, kurze Touren mit „Voralpencharakter". Bis auf eine Ausnahme eignen sich alle Touren auch für Anfänger, bieten aber nichts desto trotz schöne zügige Abfahrten.

Das Hochtal von Balderschwang ist für seine rekordverdächtigen Schneemengen bekannt (im Februar 1999 wurden am Riedbergpass bis zu fünf Meter gemessen) und wird daher auch Bayrisch Sibirien genannt. Für die Zufahrt über den Riedbergpaß sind nach Neuschneefällen häufig Ketten erforderlich.

Zufahrt   Von Sonthofen auf der B 19 nach Fischen. Hier rechts ab über den Riedbergpass nach Balderschwang.

Karten   Allgäuer Alpen UKL8 1:50 000 und Balderschwang 8525 1:25 000 vom Bayrischen Landesvermessungsamt.

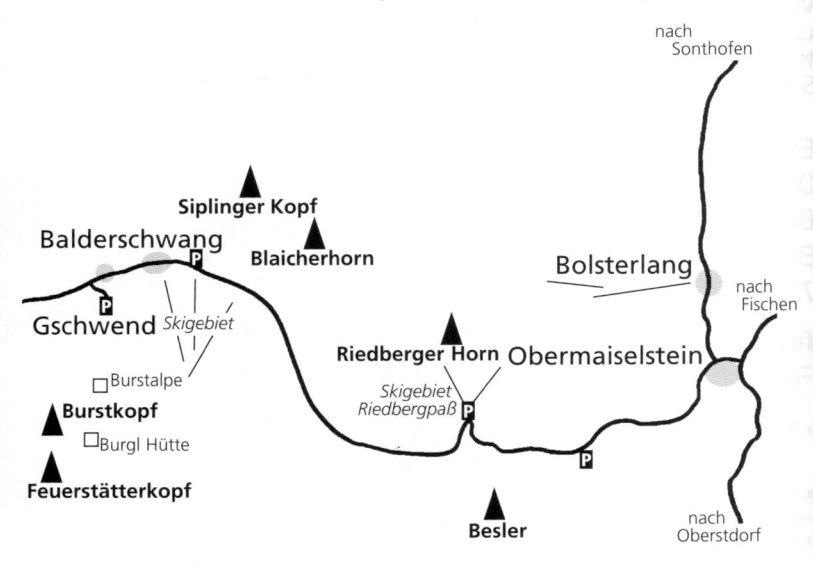

On Top Of The World

...seit 1980

Führender Hersteller von...

Daunenbekleidung

Daunenschlafsäcken

Wasserdichte und atmungsaktive Bekleidung

"Berber" Fleece-Bekleidung

Weitere Information und den aktuellen Katalog erhalten Sie bei

Excalibur Distribution
Deutschland
Barbara Cuthbertson
Buchenstr. 36
73035 Göppingen

Tel: 07161/92 37 98
Fax: 07161/92 37 99

E-Mail:excaliburcuth@T-online.de

Dave Walsh 'Auf dem Dach der Welt'
der Gipfel des Mt. Everest 8.848m.
Himalayan Kingdoms Expeditions

Alle Rab-Produkte werden in Sheffield handgefertigt.

≈Rab

Rab Carrington Ltd., 32 Edward Street, Sheffield, S3 7GB England. www.rab.uk.com

11. Balderschwang

11.1 Besler 1679 m

Der eigenartige Zackengrat des Beslers bricht nach Norden mit senkrechten, von steilen Rinnen unterbrochen Wänden ab. Durch diese Rinnen führen rassige Abfahrten nach Norden hinab. Die Kürze der Tour und die geringe Gipfelhöhe sollten nicht darüber hinwegtäuschen, daß es sich um eine anspruchsvolle Tour für sehr gute Skifahrer handelt.

Schwierigkeit	3
Höhenunterschied	ca. 500 m.
Ausgangspunkt	Der kleine Parkplatz „Wannenkopfhütte" (Punkt 1208 m) an der Ostauffahrt zum Riedbergpaß.
Charakter	Nordseitig, durchwegs sehr steil, Stellen extrem steil.
Aufstieg	Von der Straße nach links hinab in den Taleinschnitt der Schönberger Ach. Auf einer Brücke über diese hinüber zur Herzenbergl Hütte. Nun stets über zum Teil bis 40 Grad steile Nordhänge hinauf bis unter die Gipfelwände. Den Grat erreicht man am besten indem man die Einsenkung zwischen Beslerkopf (rechts) und Besler (links) ansteuert. Über den Grat beliebig zu den beiden Gipfeln wobei man den Besler selbst nur zu Fuß mit Hilfe von Drahtseilen ersteigen kann.
Abfahrt	Wie Aufstieg.

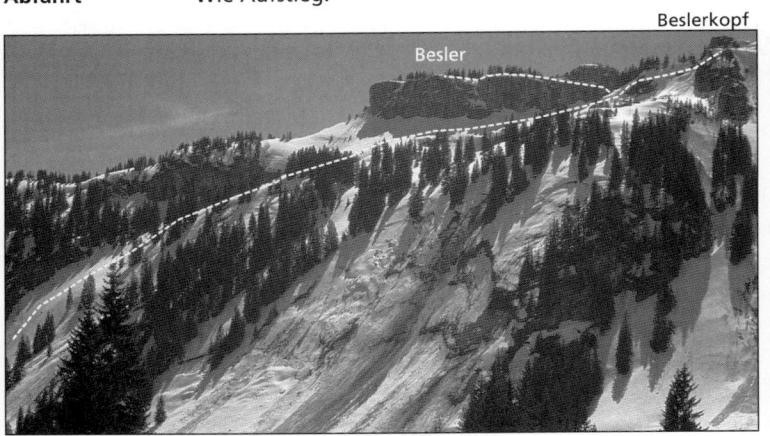

11.2 Riedberger Horn 1787 m

Der höchste Gipfel der Hörnergruppe ist eine gemütlicher Skispaziergang, der sich bei Benützung der Grasgehrenlifte nochmals auf schlappe 200 Höhenmeter Aufstieg verkürzen läßt. Die Abfahrt durchs Bolgental nach Obermaiselstein bringt es jedoch immerhin auf stolze 800 Höhenmeter. Für die Abfahrt ins Bolgental ist es vom Vorteil den Skibus nach Grasgehren zu benutzen und das Auto in Obermaiselstein zu parken.

11. Balderschwang

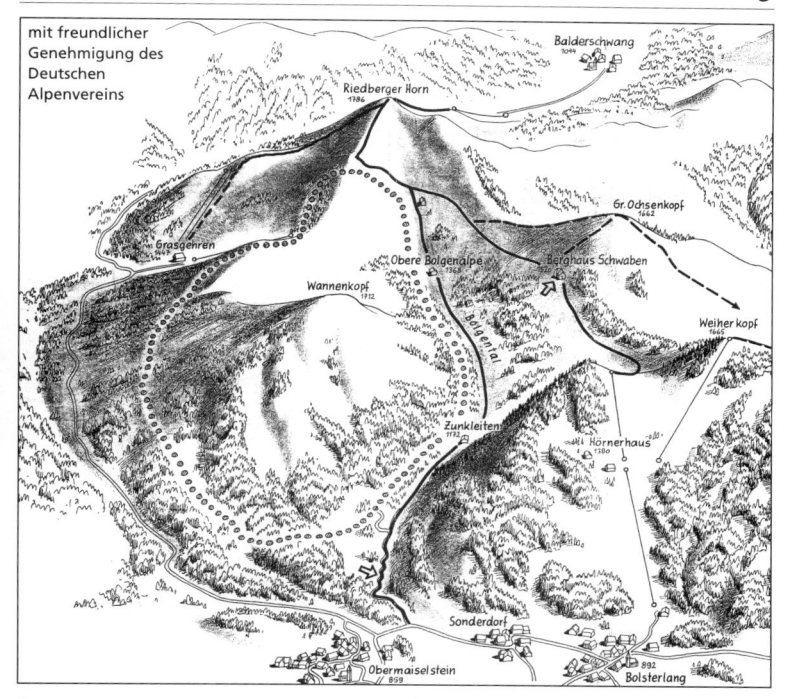

mit freundlicher Genehmigung des Deutschen Alpenvereins

Schwierigkeit 1
Höhenunterschied ca. 350 m.
Ausgangspunkt Grasgehren 1447 m an der Riedbergpaßhöhe.
Charakter Südseitig meist flach, Abfahrten je nach Route auch steiler.
Aufstieg Vom Parkplatz Grasgehren links auf der Piste hinauf bis zur Bergstation der Grasgehren Lifte. Nun über den breiten Südgrat empor zum Gipfel.
Abfahrt Durch die Südflanke mäßig steil hinab nach Grasgehren.

11.2.1 Abfahrt durchs Bolgental nach Obermaiselstein

Schwierigkeit 1
Charakter Nord- und ostseitig, meist flach, im Gipfelbereich steil.
Abfahrt Vom Gipfel einen anfangs steilen Nordosthang !!! hinab. Dann über sanfte Mulden hinab zur Oberen Bolgenalpe 1368. Ab hier entlang einer Forststraße hinab nach Obermaiselstein. Bei dieser Abfahrt wurde die optimale Route vom DAV aus Naturschutzgründen markiert. Daher die Bitte diese markierte Route einzuhalten. Die daneben im Wald lebenden Rauhfußhühner werden es euch danken.

11. Balderschwang

11.3 Siplinger Kopf 1746 m

Von Balderschwang aus steht der Siplingerkopf eher unauffällig im Hintergrund, doch bietet seine Südflanke eine rassige Abfahrt ohne Flachstücke und Waldpassagen.

Schwierigkeit 1-2
Höhenunterschied ca. 700 m.
Ausgangspunkt Die Siedlung Wäldele etwa 1 km vor Balderschwang.
Charakter Südseitig, mäßig steil.
Aufstieg Über meist freie, mäßig steile Südhänge über die Untere und Obere Socheralpe empor zur Unteren Balderschwanger Alpe. Hier steigt ganz leicht linkshaltend weiter über die Südhänge empor bis auf ca. 1600 m Höhe eine immer flacher werdende Rampe nach rechts hinaufzieht. Zum Schluß durch eine langezogene Mulde die an eine überdimensionale „Snowbordhalfpipe" erinnert nach Osten hinauf zum Gipfel.
Abfahrt Wie Aufstieg.

11.4 Blaicher Horn 1669 m

Während das Blaicher Horn von Osten aus dem Gunzesrieder Tal sehr häufig bestiegen wird, ist die viel lohnendere Westabfahrt hinab nach Balderschwang kaum bekannt. Knapp 20 Meter Gegenanstieg sind auf dieser Abfahrt der einzige Schönheitsfehler.

Schwierigkeit 1
Höhenunterschied ca. 650 m.
Ausgangspunkt Die Siedlung Wäldele etwa 1 km vor Balderschwang.
Charakter Meist südwest und westseitig, mäßig steil.
Aufstieg Über meist freie, mäßig steile Südhänge an der Unteren Socheralpe vorbei hinauf bis ca. 1200 m Höhe. Hier quert

11. Balderschwang

	man nach rechts (Osten) und überschreitet den Stubenbach Nun über den mit einzelnen Bäumen bestanden, schwach ausgeprägten meist mäßig steilen bis Westrücken empor zum Gipfel.
Abfahrt	Wie Aufstieg. Dabei ist er vorteilhafter nach der Überquerung des Stubenbaches wieder ca. 20 Höhenmeter aufzusteigen anstatt direkt im Bachtobel hinabzufahren.

11.5 Burstkopf 1559 m, Feuerstätterkopf 1645 m

Diese beiden südwestlich von Balderschwang gelegen Gipfel bieten leichte nordseitige Abfahrten durch Waldlichtungen, an denen auch Anfänger viel Freude haben können. Während man am Burstkopf bei vernünftiger Spuranlage fast jeder Lawinengefahr aus dem Weg gehen kann, erfordert der Gipfelhang des Feuerstätterkopfes sichere Verhältnisse.

Schwierigkeit 1
Höhenunterschied ca. 550 bzw. 650 m.

Ausgangspunkt	Die Brücke Punkt 998 m über die Bolgenach, zu erreichen auf einem kleinen Sträßchen, das zwischen den Balderschwanger Ortsteilen „Gschwend" und „Schlipfhalden" steil nach links hinab führt. Sollte diese Straße schneebedeckt sein, ist es besser oben neben der Hauptstraße zu parken, will man für Rückfahrt nicht Ketten montieren.
Charakter	Nordostseitig, meist flach, Stellen mäßig steil, am Feuerstätterkopf bis steil.
Aufstieg	Von der Brücke Punkt. 998 m auf einer Straße wenige Meter empor bis nach rechts ein Alpweg über eine Brücke zur Lappachalpe führt. Weiter über sanfte Hänge durch Waldlichtungen empor zur Burstalpe 1230 m. Hier rechtshaltend durch Waldlichtungen zum Schluß über den freien Nordostrücken empor zum Burstkopf oder weiter gerade aus an der Tiefengraben- und Burgl Hütte (1428 m) vorbei, zuletzt steil empor zum Feuerstätter Kopf.
Abfahrt	Wie Aufstieg.

12. Westliche Vorberge

Tourengebiet 12: Westliche Vorberge

Dieses Gebiet ist wohl das älteste und traditionsreichste Tourengebiet im Allgäu und wohl auch im gesamten bayerischen Alpenraum. Seit über 100 Jahren verzieren mehr oder weniger elegante Wedelspuren die Hänge. Touren wie die Kleine- und Große Hörnertour oder der Stuiben von Immenstadt waren schon zu Großvaters Zeiten beliebte Modetouren. Inzwischen hat sich jedoch einiges relativiert. Manche früher hochgelobte Abfahrt entspricht wegen ihrer Flachstücke oder dem ständigen Auf und Ab nicht mehr den heutigen Ansprüchen - andere einstmals freie Hänge fielen hingegen der Aufforstung zum Opfer. So werden hier nur die auch nach heutigen Gesichtspunkten noch lohnenden Touren beschrieben. Außerdem muß man heute auch nicht mehr jede Tour wie vor 100 Jahren am Bahnhof von Immenstadt oder Sonthofen beginnen.

Karten Allgäuer Alpen 1.50000 Blatt UKL 8 und die Karten im Maßstab 1: 25000 Balderschwang, 8525, Oberstaufen 8426, Oberstdorf 8527 und Immenstadt 8427 alle vom Bayerischen Landesvermessungsamt.

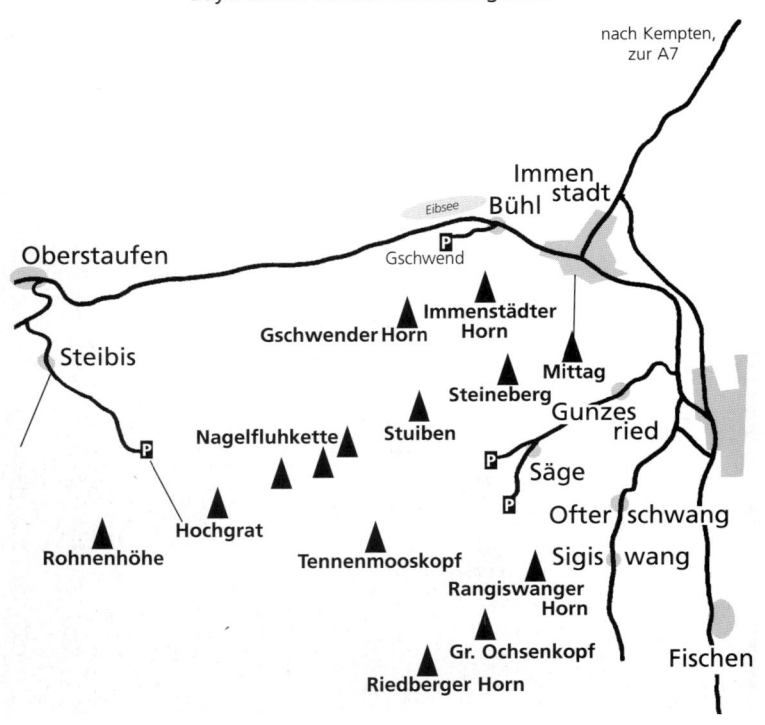

12. Westliche Vorberge

12.1 Rangiswanger Horn 1615 m

Ebenso wie Sonnenkopf und Wertacher Hörnle zählt das Rangiswanger Horn zu den meistbesuchtesten Skibergen im Allgäu, besonders bei schlechtem Wetter und viel Neuschnee. Besonders die Nordabfahrt wird sofort nach den ersten spätherbstlichen Schneefällen eingespurt. Bei extremster Lawinengefahr wäre vom Gelände her auf beiden Routen im Gipfelbereich ein Lawinenabgang nicht ganz auszuschließen, obwohl die letzten 15 Jahre trotz Massenbetrieb kein Unfall bekannt wurde. Ideale Anfängertour

12.1.1 Aufstieg von Osten von Sigiswang

Schwierigkeit 1
Höhenunterschied ca. 750 m
Ausgangspunkt Sigiswang an der Straße zwischen Ofterschwang und Bolsterlang gelegen. Hier leider nur beschränkte Parkmöglichkeiten.
Charakter Ostseitig, mäßig steil.
Aufstieg In Sigiswang führt eine Forststraße nach Westen hinauf zum Freizeitheim Kahlrückenalpe. Entlang dieser Forststraße oder in den Wiesen rechts daneben steigt man zur Kahlrückenalpe auf. Weiter leicht linkshaltend an der Sigiswanger Alpe 1407 m vorbei zum Gipfelhang und über diesen mäßig steil hinauf.
Abfahrt Wie Aufstieg, wobei man natürlich knapp links, (nördlich) der Forststraße abfährt.

12. Westliche Vorberge

12.1.2. Aufstieg von Norden aus dem Ostertal

Schwierigkeit 1
Höhenunterschied ca. 620 m.
Ausgangspunkt Parkplatz im Ostertal bei der Brücke über den Ostertalbach. Zu erreichen indem man von Straße Sonthofen - Bihlerdorf - Gunzesried-Säge etwa 2 km nach Gunzesried nach links abbiegt.
Charakter Nordseitig, mäßig steil, kurze Stelle steil.
Aufstieg Vom Parkplatz auf der Straße etwa 100 zurück. Noch vor der Angerhütte nach rechts über einen mäßig steilen Nordhang empor. Dieser geht bald in einen flachen breiten Rücken über der verfolgt wird bis er im steilen Wald endet. Hier verläßt man den Rücken nach links und steigt über mäßig steile bis steile Waldlichtungen direkt zum Gipfel auf.
Abfahrt Wie Aufstieg.

12.2 Großer Ochsenkopf 1662 m

Ähnlich wie das benachbarte Rangiswanger Horn ist der Ochsenkopf ein typischer Anfänger-Skiberg. Die Abfahrt besteht teilweise aus flachen Querungen und ist nicht ganz so lohnend wie die vom Rangiswanger Horn. Dafür ist die Tour auch nicht ganz so überlaufen.

Schwierigkeit 1
Höhenunterschied ca. 650 m.
Ausgangspunkt Parkplatz im Ostertal bei der Brücke über den Ostertalbach; zu erreichen indem man von Straße Sonthofen - Bihlerdorf - Gunzesried-Säge etwa 2 km nach Gunzesried nach links abbiegt.
Charakter Nordseitig meist flach, oben bis mäßig steil.
Aufstieg Vom Parkplatz auf der Straße etwa 100 zurück. Noch vor der Angerhütte nach rechts über einen mäßig steilen Nordhang etwa 50 Höhenmeter empor. Nun folgt man einem flachen Alpweg nach rechts der an der Holzschlagalpe vorbei in den Kessel nordöstlich des Gipfels, zur Oberalpe 1386 m führt. Hier rechtshaltend über mäßig steile Mulden empor zum Ostgrat der in ca. 1600 m Höhe erreicht wird. über den Grat rasch zum Gipfel.
Abfahrt Wie Aufstieg.

12. Westliche Vorberge

12.3 Riedberger Horn 1787 m aus dem Ostertal

Der höchste Gipfel der Hörnergruppe wurde bereits in Kapitel 11 als kurzer Skispaziergang vorgestellt. Da eine Überschreitung des Berges wegen der schlechten Busverbindungen von Grasgehren nach Gunzesried kaum in Frage kommt, wird hier der Aufstieg von Norden als eigenständige Tour beschrieben. Nach einem ca. 3 Kilometer langen Talhatscher warten mäßig steile bis steile nordostseitige Skihänge auf den Tourengeher.

Schwierigkeit 1
Höhenunterschied ca. 750 m.
Ausgangspunkt Parkplatz im Ostertal bei der Brücke über den Ostertalbach; zu erreichen indem man von Straße Sonthofen - Bihlerdorf - Gunzesried-Säge etwa 2 km nach Gunzesried nach links abbiegt.
Charakter Talanstieg, dann nord und nordostseitig, flach bis steil
Aufstieg Vom Parkplatz auf der im Winter nicht geräumten Forststraße etwa 3 Kilometer flach hinein zur Grafenalpehütte 1102 m im Talschluß des Ostertals. Über einen breiten Rücken steigt man mäßig steil in südwestlicher Richtung empor bis sich dieser in ca. 1400 m Höhe verliert. Nun steuert man den Grat zwischen Grauenstein und Riedberger Horn an und erreicht über dessen Nordgrat den Gipfel. Sollte die Lawinensituation kritisch sein, empfiehlt es sich über den gesamten Grat über Dreifahnenkopf und Grauenstein aufzusteigen.
Abfahrt Wie Aufstieg.

12. Westliche Vorberge

12.4 Tennenmooskopf 1628 m

Der etwas versteckt liegende Tennenmooskopf bietet eine meist flache, landschaftlich sehr schöne nordostseitge Abfahrt. Nur wenige Meter unterm Gipfelplateau sind steil. Daher sind sichere Verhältnisse erforderlich.

Schwierigkeit 1
Höhenunterschied ca. 700 m.
Ausgangspunkt Parkplatz Gunzesried Säge.
Charakter Nordost und nordseitig, flach bis mäßig steil, kurze stelle steil.
Aufstieg Vom Parkplatz noch etwa 1 Kilometer nach Westen auf der Straße ins Aubachtal bis zum „Vorsäß" 955 m. Hier zweigt eine Forststraße nach links ab, die über flache Hänge hinauf zur Rappengschwendalpe führt. Man folgt dieser Straße bis zur Alpe und steigt weiter über eine mäßig steile Wanne bis unter den steilen, bewaldeten Gipfelbau. Hier weicht man rechtshaltend aus und erreicht den Gipfel direkt über seinen Nordhang.
Abfahrt Wie Aufstieg.

12.5 Steineberg 1683 m

Wie die meisten aus Nagelfuhgestein aufgebauten Berge, verlangt auch der Steineberg etwas Spürsinn für die richtige Route. Typisch für diese Berge ist der ständige Wechsel zwischen flacheren, oft versteckt liegenden Mulden und steilen felsigen, oftmals auch bewaldeten Stufen. Das Gelände am Steineberg ist zwar durchwegs „skifreundlich" doch findet man aufgrund der Südlage selten idealen Schnee vor. Sollte die Tour nicht gespurt sein, ist genaues Kartenstudium erforderlich.

Schwierigkeit 2
Höhenunterschied ca. 750 m.
Ausgangspunkt Straße von Gunzesried nach Gunzesried-Säge etwa 1 km nach Gunzesried bei Punkt 913 m gem. BLV Karte. Etliche Parkmöglichkeit am Straßenrand.
Charakter Süd-, südost- und ostseitig, mäßig steil bis kurzeitig steil.
Aufstieg Entweder über Wiesen gerade nach Norden bis man den Sommerweg erreicht, den von Gunzesried über Dürrenhorn- und Vordere Krummbachalpe zum Bärenkopf und Steineberg führt. In etwa diesem Weg folgend über eine steile Stufe zur Dürrehornalpe. Hierher aus in einem großen Linksbogen auf einem Alpweg über die Winkelwiesenalpe 1080 m. Nun über freie mäßig steile Hänge an der Vorderen Krummbachalpe vorbei in den Kessel zwischen Bärenkopf und Steineberg. Hier zieht eine oben steile von Felsrippen begrenzte ostseitige Mulde zum Steineberg hinauf. Man hält sich stets an ihrem linken Rand und erreicht knapp südlich des Ostgipfel die flachen Hänge die zum Gipfelgrat führen.
Abfahrt Wie Aufstieg.

12. Westliche Vorberge

12.6 Stuiben 1749 m, Sedererstuiben 1737 m und Gschwender Horn 1450 m

Der Stuiben ist immer noch ein klassischer, beliebter Allgäuer Skiberg. Und dies obwohl er keine wirklich makellosen Abfahrten bietet. Entweder führen diese auf Forststraßen oder durch Wald hinab, oder sie sind durch Flachstücke mit Gegenanstiegen unterbrochen. Die lohnendste Abfahrt ist trotz des Gegenanstieges von fast 100 Höhenmetern die über das Gschwender Horn. Auf allen Anstiegen laden gemütliche auch im Winter bewirtschaftete Alphütten zur Einkehr, deren Getränkepreise sich wohltuend von den Preisen rund um Oberstdorf und im Kleinwalsertal unterscheiden. Im Jahre 1897 wurde mit dem Stuiben der erste Allgäu Gipfel mit Ski bestiegen.

12.6.1 Aufstieg von Immenstadt

Schwierigkeit　1
Höhenunterschied ca.1000 m.
Ausgangspunkt　Friedhof von Immenstadt am südlichen Ortsende. Dieser Ausgangspunkt kann auch sehr gut mit der Bahn erreicht werden.
Charakter　Ost-, nord- und nordwestseitig flach bis mäßig steil, lange Strecken auf Forststraßen im Wald.
Aufstieg　Vom Friedhof auf der rechten Talseite auf einer anfangs steilen, im Winter als Rodelbahn benutzen Forststraße durch das Steigbachtal am Ferienheim „Almagmach" vorbei zur Mittelberg Alpe. ca. 1350 m. Hier hat man den Wald endlich hinter sich. Auf einem breiten Rücken über mehrere Kuppen zum Gipfelbau. Dessen mäßig steiler Nordhang wird nach rechts (Westen) gequert in die Mulde zwischen Stuiben und Sederer-Stuiben. Nun beliebig links oder rechts zu einem der beiden Gipfel.
Abfahrt　Auf dieser Route nicht lohnend, daher besser über das Gschwender Horn nach Bühl. Route 12.6.2.

Die Nagelfluhkette vom Steineberg. Eingezeichnet die Route 12.8

12. Westliche Vorberge

12.6.2 Aufstieg von Bühl über das Gschwender Horn

Schwierigkeit 1
Höhenunterschied ca. 1000 m.
Ausgangspunkt Der gebührenpflichtige Parkplatz in Gschwend ca. 850 m zu erreichen vom Immenstädter Ortsteil Bühl am Alpsee auf einer steilen aber meist gut geräumten Straße.
Charakter Nord- und nordwestseitig, flach bis mäßig steil, lange Flachstücke, Gegenanstiege.
Aufstieg Vom Parkplatz durch den kleinen Ort nach Westen zur Talstation des inzwischen abgebauten Skilift zum Gschwender Horn. Der Aufstieg zum Gschwender Horn auf der ehemaligen Piste wurde vom DAV und der Stadt Immenstadt für Skitourengänger markiert und führt über mäßig steile Nord und Nordwesthänge zum flachen bewaldeten Gipfel. Bitte aus Naturschutzgründen die markierte Route einhalten. Vom Gschwender Horn auf einer Forststraße flach hinab durch dichten Wald am Kemptener Naturfreundehaus vorbei in die Senke südlich der Seifenmoosalpe. Über einen kurzen Hang hinauf zur Mittelbergalpe und weiter zum Gipfel wie 12.6.1.
Abfahrt Wie Aufstieg.

12.7 Immenstädter Horn 1489 m

Von Immenstadt sieht man dem „Horn" seine Qualitäten als Skiberg nicht an. Das einzige was man sieht, ist die steile, düstere, bewaldete Nordflanke. Bei hoher Schneelage ist die Tour zum Immenstädter Horn jedoch eine kurze rassige Spritztour von Bühl oder Gschwend aus.

Schwierigkeit 2
Höhenunterschied ca. 650 m.
Ausgangspunkt Der gebührenpflichtige Parkplatz in Gschwend ca. 850 m zu erreichen vom Immenstädter Ortsteil Bühl am Alpsee auf einer steilen aber meist gut geräumten Straße.
Charakter Nord-, nordwest und westseitig, mäßig steil bis steil, direkte Nordabfahrt sehr steil.
Aufstieg Vom Parkplatz direkt über freie Hänge und kurze Waldstufen über die Hochberg- und Rabennestalpe zu der in dem Kessel zwischen Immenstädter und Gschwender Horn gelegenen Kesselalpe. Weiter flach empor in den Sattel zwischen Immenstädter Horn und Rotem Kopf. Von hier über die Südwesthänge hinauf zum breiten Gipfelplateau.
Abfahrt Bei schlechten Verhältnissen wie Aufstieg. Ansonsten über die oben sehr steilen Nordwesthänge (Einfahrt knapp 100 m westlich vom Gipfelkreuz) hinab bis man auf ca. 1000 m Höhe nach links zur Aufstiegsroute queren kann. Oder direkt vom Gipfelkreuz durch eine fast 40 Grad steile Rinne nach Norden hinab. Auch hier quert man in 1000 m Höhe nach links zur Aufstiegsroute.

12. Westliche Vorberge

12.8 Überschreitung der Nagelfluhkette
(vom Hochgrat bis zum Mittag)

Dieser für Voralpenverhältnisse mächtige, 15 Kilometer lange Bergkamm begrenzt die Allgäuer Alpen im Nordwesten. Typisch für alle aus Nagelfluhgestein aufgebauten Gipfel sind die parallel zum Hauptgrat verlaufenden Felsrippen. Die langgezogenen zwischen diesen Felsrippen eingebetteten Kare (die sogenannten Schläuche) bieten meist herrliche, leider etwas kurze Abfahrten. Die Überschreitung der hier beschriebenen zentralen und östlichen Nagelfluhkette vom Hochgrat zum Mittag ist eine für Voralpenverhältnisse lange und anspruchsvolle Skitour über insgesamt acht Gipfel. Die schönsten Abfahrten führen jeweils durch die ostseitigen „Schläuche" hinab, so daß die Überschreitung am besten von West nach Ost durchgeführt wird. Wegen des häufigen Wechsels von Aufstieg und Abfahrt überprüfe man vor dieser Tour nochmals die Haftfähigkeit der Steigfelle. Wer aus Sportlichkeit oder Sparsamkeit auf die Benutzung der Hochgratbahn verzichtet, muß mit weiteren 800 Höhenmeter Aufstieg rechnen.

Schwierigkeit 2
Höhenunterschied mindestens 1500 m.
Stützpunkt Staufner Haus 1640 m (DAV Sektion Oberstaufen), im Winter meist bewirtschaftet. Dieser am Westgrat des Hochgrates, knapp unterhalb der Bergstation der Hochgratbahn gelegene Stützpunkt bietet sich für all jene an, die vor der ersten Bergfahrt aufbrechen wollen.
Auskunft unter 08386/8255.

12. Westliche Vorberge

Ausgangspunkt Am besten parkt man sein Auto in Immenstadt kostenlos am „Viehmarktplatz" oder im Bereich der Mittag-Seilbahn (beides in Bahnhofnähe) und fährt mit der Deutschen Bundesbahn nach Oberstaufen. Vom Bahnhof Oberstaufen fährt stündlich ab 8:30 ein Bus über Steibis zur Talstation der Hochgratbahn (diese ist natürlich auch über Oberstaufen und Steibis mit Kfz. erreichbar.) Auskünfte über Busfahrpläne beim Verkehrsamt Oberstaufen (Tel. 08386/19433). Nun am bequemsten mit der Hochgratbahn hinauf zu der in 1700 m gelegen Bergstation am Westgrat des Hochgrates (Auskunft über die Betriebszeiten unter 08386/8222).

Charakter Häufiges Auf und Ab, Anstiege meist süd bis westseitig, Abfahrten nord- bis ostseitig bis sehr steil.
Die Tour Über den Westgrat sanft empor zum Hochgrat (1834 m). Knapp südlich des Gipfels durch eine der beiden anfangs steilen ostseitigen Rinnen hinab zur Güntlehütte. Leicht linkshaltend hinauf in die Brunnenauscharte (1624 m) und über den Westgrat empor zum Rindalphorn (1821 m). Wieder knapp südlich des Gipfels durch einen „Schlauch" hinab in die Gündlescharte und über den Westgrat hinauf zum Gündlekopf (1748 m). Von dort über südostseitige Mulden hinab zur Gündles Alpe (1503 m) und über den breiten Südrücken nach links hinauf zum Buralpkopf (1772 m). Hier entweder sehr steil durch eine der Lücken im Gipfelgrat nach Norden hinab und durch einen ostseitigen Schlauch hinab bis unter den Nordwesthang des Sedererstuibens und über diesen steil hinauf zu dessen Gipfel, oder - flacher und einfacher - in flacher Schrägfahrt südlich des Grates hinab zur Gatteralpe (1489 m) und über einen sanften Südhang hinauf zum Sedererstuiben (1737 m). Weiter, knapp links, nördlich des Grates mit ca. 50 Meter Höhenverlust zum Stuiben (1748 m). Von seinem Gipfel entlang des Nordgrates knapp 100 Höhenmeter hinab. Anschließend folgt eine kurze Steilabfahrt in die große Wanne nordöstlich des Gipfels. Man quert diese Wanne an ihren rechten, südlichen Rand bis man nördlich von Punkt 1669 m durch mäßig steile Lichtungen in den Kessel mit der Hinteren Krummbachalpe (1384 m) abfahren kann. Etwas östlich der Alpe steigt man durch die Waldlichtungen seines Nordwesthanges empor zum Steineberg (1683 m). Von seinem Gipfel zunächst flach nach Osten bis knapp südlich des kreuzgeschmückten Ostgipfels ein „Schlauch" nach Osten hinabzieht. Durch diesen bis auf ca. 1400 m Höhe hinab und ein letztes mal bergauf über den breiten Grat zum Bärenkopf. Nördlich unter dem Gipfel hindurch weiter dem Grat entlang zum Mittag. Von dort Abfahrt auf der Piste hinab nach Immenstadt. Die Tour läßt zahlreiche Varianten zu. Gute Sicht und genaues Kartenstudium sind erforderlich.

12. Westliche Vorberge

12.9 Rohnenhöhe 1639 m (Eineguntkopf)

Dieser etwas abseits, ganz im Westen der Allgäuer Alpen gelegene Gipfel bietet eine schöne, meist sanfte und waldfreie, nordwest- bis nordostseitige Abfahrt und eine schöne Aussicht auf die jenseits des Rheintals liegenden Ostschweizer Berge. Ideale Anfängertour.

Schwierigkeit	1
Höhenunterschied	ca. 800 m.
Ausgangspunkt	Talstation der Hochgratbahn. Zu erreichen von Oberstaufen über Steibis oder mit öffentlichen Verkehrsmittel wie bei Tour 12.8 beschrieben.
Charakter	Nord, bis westseitig, flach bis mäßig steil.
Aufstieg	Wenige Meter westlich der Hochgratbahn entlang eines Alpweg über Nordhänge bis kurz vor die Untere Lauchalpe. Hier auf einem weiterem Alpweg nach rechts (Westen) über einen Bachlauf hinweg zur Unteren Stieg Alpe und über einen Rücken empor bis zur Oberen Stieg Alpe (1177 m). Nun quert man leicht steigend die Nordflanke des Gipfels nach rechts (Westen) bis man über freie Nordhänge zur Falkenhütte aufsteigen kann. Bei dieser Querung sind einige Bachläufe und ein kurzer Waldstreifen zu überwinden. Von der Falkenhütte über den Westhang hinauf zum Grat und über diesen nach Osten zum Gipfel.
Abfahrt	Wie Aufstieg.

13. Auswahl der schönsten Wochenendtouren

Oft sind es gerade die mehrtägigen Touren mit einer Übernachtung auf einer Hütte, von denen man noch lange als die schönsten Tour der Saison spricht. Die zahlreichen DAV Hütten im Allgäu ermöglichen ausgedehnte mehrtägige Rundtouren und Überschreitungen. Dabei ist jedoch zu beachten daß nur wenige Hütten im Winter bewirtschaftet sind, jedoch verfügen die meisten über einen sehr gut ausgestatteten Winterraum. Die hier beschriebenen Vorschläge sind bewußt sehr knapp gehalten. Einzelheiten entnehme man den entsprechenden Kapiteln in diesem Führer.

13.1 Über den Hohen Ifen zur Schwarzwasserhütte und über das Grünhorn nach Baad

Bei dieser Tour nutzt man am besten die hervorragenden Busverbindungen im Kleinen Walsertal. Die auch im Winter bewirtschaftete Schwarzwasserhütte ermöglicht zudem noch etwas Komfort.

Die Tour   Auf Route 1.7.2 auf den Hohen Ifen und auf Route 1.7.1 hinab zur Ifersguntalpe weiter über den Gipfel des Hählekopfes Route 1.5 zur Schwarzwasserhütte. Andertags über das Grünhorn (Tour 1.2 und 2.1) nach Baad.

13.2 Über den Großen Widderstein zur Mindelheimer Hütte und über den Liechelkopf nach Mittelberg

Diese lange und anspruchsvolle Tour ist für den konditionsstarken Skibergsteiger eine eindrucksvolle Runde abseits vom „Mainstream" Die Tür zum Winterraum der Mindelheimer Hütte muß meist freigeschaufelt werden.

Die Tour   Auf Route 2.7 auf den Großen Widderstein. Abfahrt von dort bis zum Ende der Gipfelschlucht. Nun lange flache Querung nach Osten bis unter das Geißhorn. Hier auf Route 3.8.2 zur Mindelheimer Hütte. Andertags auf Route 3.8.1 bzw. 3.2 über den Liechelkopf zurück ins Kleine Walsertal.

13.3 Heilbronner Weg

Eine königliche Überschreitung des Allgäuer Hauptkammes für Könner. Am lohnendsten wenn man sich drei Tage Zeit nimmt und eine weitere Nacht auf der Kemptner Hütte verbringt. Die Winterräume sind offen und hervorragend ausgestattet.

Die Tour   Am besten auf Route 4.1.3 auf die Rappenseehütte. Anderntags über den Heilbronner Weg (Tour 4.7) zur Kemptner Hütte. Entweder hinab oder an einem weiteren Tag auf Route 4.4.3 auf den Großen Krottenkopf und von dort hinab nach Holzgau, oder von der Mädelegabel durch die Trettachrinne nach Oberstdorf.

Der Skitourenspezialist
im Schwabenland

Alpin Sport
BERGLAND

zum Anfassen in Stuttgart in der Calwerpassage
Rotebühlplatz 20A, Telefon 0711 - 2239750, Telefax 0711 - 2239760
oder weltweit und virtuell über www.alpshop.de und alpinsport-bergland.de

13. Auswahl der schönsten Wochenendtouren

13.4 Vom Nebelhorn über den Großen Daumen oder den Schochen zur Schwarzenberghütte und über Himmeleck und Schneck zurück nach Oberstdorf

Die den ganzen Winter über bewirtschaftete Schwarzenberghütte der DAV Sektion Illertissen ermöglicht eine landschaftlich eindrucksvolle Rundtour ohne schweren Rucksack. Durch die Nebelhornbahn werden die Gipfelaufstiege zur kurzen Spritztour. Trotzdem wird diese Tour selten durchgeführt. Wenn man auf den Gipfel des Schnecks verzichtet ist die Tour eher einfach, jedoch keineswegs lawinensicher.

Die Tour Bei Firn über den Großen Daumen (Tour 6.3 und 6.3.1), bei Pulverschnee über den Schochen (Tour 6.1) zur Schwarzenberghütte. Anderntags hinab zum Giebelhaus und auf Route 7.6 in den Himmelecksattel und gegebenenfalls - bei günstigen Verhältnissen - auf den Schneck und Abfahrt auf Route 5.6 nach Oberstdorf.

Nein, das ist nicht der Cerro Torre! Das ist der Schneck mit seiner Ostwand.

13. Auswahl der schönsten Wochenendtouren

13.5 Vom Nebelhorn über das Laufbacher Eck zum Prinz-Luitpold-Haus und weiter auf den Hochvogel

Im Sommer die absolute Paradetour im Allgäu, im Winter hingegen eine einsame erste Hochtour für den erfahrenen Skibergsteiger. Vom Nebelhorn auf Route 6.2 über das Laufbachereck. Nach der Abfahrt ins Bärgündletal steigt man auf Route 7.8 zum Prinz-Luitpold-Haus und anderntags auf Route 7.11 auf den Hochvogel.

13.6 Über die Landsberger Hütte auf die umliegenden Gipfel und über die Sulzspitze nach Haldensee

Für konditionsstarke Skibergsteiger eine Tagestour ansonsten eine nicht allzulange Wochenendtour.

Die Tour   Auf Route 9.11 auf die Landsberger Hütte und von hier auf die umliegenden Gipfel. Anderntags über die Schochenspitze (Tour 9.10) nach Haldensee.

13.7 Von Balderschwang über den Siplinger Kopf zum Staufner Haus und über die Nagelfluhkette nach Immenstadt

Diese lange Tour stellt eine eindrucksvolle Durchquerung der Allgäuer Voralpen dar und erfordert trotz der lächerlich gering erscheinenden Gipfelhöhen den erfahrenen Skibergsteiger. Man studiere sorgfältig die Bus und Zugfahrpläne und parke das Auto am besten in der Nähe des Bahnhofes in Fischen.

Die Tour   Von Fischen mit dem Bus nach Balderschwang und auf Route 11.3 auf den Siplinger Kopf. Nun über steiles, teils felsdurchsetztes Gelände nach Nordwesten hinab zur Oberen Siplinger Alpe und oberhalb des Waldes zur Scheidwangalpe queren. Hierher auch leichter über von der Oberen Balderschwanger Alpe über den Heidenkopf. Von hier Aufstieg über die Obere Gelchenwangalpe zum Staufner Haus am Hochgrat. Anderntags über die Nagelfluhkette (Tour 12.8) nach Immenstadt.